T0197159

# essentials

*essentials* liefern aktuelles Wissen in konzentrierter Form. Die Essenz dessen, worauf es als „State-of-the-Art" in der gegenwärtigen Fachdiskussion oder in der Praxis ankommt. *essentials* informieren schnell, unkompliziert und verständlich

- als Einführung in ein aktuelles Thema aus Ihrem Fachgebiet
- als Einstieg in ein für Sie noch unbekanntes Themenfeld
- als Einblick, um zum Thema mitreden zu können

Die Bücher in elektronischer und gedruckter Form bringen das Fachwissen von Springerautor*innen kompakt zur Darstellung. Sie sind besonders für die Nutzung als eBook auf Tablet-PCs, eBook-Readern und Smartphones geeignet. *essentials* sind Wissensbausteine aus den Wirtschafts-, Sozial- und Geisteswissenschaften, aus Technik und Naturwissenschaften sowie aus Medizin, Psychologie und Gesundheitsberufen. Von renommierten Autor*innen aller Springer-Verlagsmarken.

Weitere Bände in der Reihe https://link.springer.com/bookseries/13088

Bernd Herrmann

# Menschliche Überreste
# in Sammlungen

 Springer

Bernd Herrmann
Historische Anthropologie und Humanökologie
Georg-August-Universität
Göttingen, Deutschland

ISSN 2197-6708           ISSN 2197-6716  (electronic)
essentials
ISBN 978-3-662-64171-2      ISBN 978-3-662-64172-9   (eBook)
https://doi.org/10.1007/978-3-662-64172-9

Die Deutsche Nationalbibliothek verzeichnet diese Publikation in der Deutschen Nationalbibliografie; detaillierte bibliografische Daten sind im Internet über http://dnb.d-nb.de abrufbar.

Planung/Lektorat: Stefanie Wolf
Springer ist ein Imprint der eingetragenen Gesellschaft Springer-Verlag GmbH, DE und ist ein Teil von Springer Nature.
Die Anschrift der Gesellschaft ist: Heidelberger Platz 3, 14197 Berlin, Germany

# Was sie in diesem *essential* finden können

- Einen Überblick über die Vielfältigkeit menschlicher Überreste in Museen und Sammlungen und ihre kulturhistorischen Einbindungen
- Hinweise zur kulturellen Funktionalität und zur Funktionalisierung menschlicher Überreste
- Anmerkungen zum Umgang mit menschlichen Überresten und damit verbundene Problematiken rechtlicher wie ethischer Art

# Vorwort

Das vorliegende *essential* ist der letzte Teil einer Trilogie, deren erster das *essential Prähistorische Anthropologie* (2015) und deren zweiter Teil das *essential Thanatologie* (2021) ist. Die*Thanatologie* konzentriert sich auf den Zusammenhang zwischen menschlichen Überresten und der Sepulkralkultur. Die Bearbeitung der Überreste findet mit den Erkenntnismitteln der *Prähistorischen Anthropologie* und Wissenselementen der forensischen Medizin ihren methodischen Maßstab und ihre Ordnung. Wie in allen Bereichen des naturwissenschaftlichen Erkenntnisgewinns ergibt sich diese Ordnung aus dem permanenten ideenmäßigen und methodisch-analytischen Fortschritt.

Menschliche Überreste, die nicht im Kontext einer Bestattung, einer Leichenablage oder Leichenbeseitigung zu sehen sind, befinden sich allermeist in der Obhut von wissenschaftlichen Sammlungen oder musealen Einrichtungen. Etwaige Exponate im privaten Umfeld befriedigen eher ein Bedürfnis ihrer Besitzer[1] nach Exotischem oder Bizarrem, verdanken sich gelegentlich gesetzwidriger Aktivitäten und sind häufig für die Wissenschaft verloren.

Überreste als Sammlungsobjekte in öffentlichen Einrichtungen sind vor allem Gegenstände wissenschaftlicher Untersuchung oder geben es zumindest vor. Für Überreste in kunstvollen Arrangements gilt dies nur sehr bedingt. In jedem Fall erfahren sie Aufmerksamkeit durch den kulturellen Kontext, dem sie ihre ursprüngliche Eigenschaft oder Zweckbestimmung verdanken. Sie dienen als kulturhistorisches Quellenmaterial zur Rekonstruktion, Erklärung und Bewahrung kultureller Praktiken und Eigenheiten. Dabei können die biologische Eigenschaft des ursprünglichen Trägers des Überrestes auf den Gang der wissenschaftlichen Untersuchung Einfluss nehmen. Die naturwissenschaftlichen Untersuchungen

---

[1] Im gesamten Text wird das generische Maskulinum verwendet.

sollten daher den spezifischen kulturellen Kontext eines Objekts berücksichtigen. Und zwar durch Heranziehung von Hintergrundwissen aus demjenigen kulturellen Bereich, der diesen Überresten eine *allegorische, metaphorische, symbolische, didaktische* oder *ermahnende* Bedeutung zuschreibt.

Das vorliegende *essential* konzentriert sich deshalb auf hauptsächliche Beispiele des Spektrums menschlicher Überreste, die als Sammelobjekte aus kulturhistorischem Interesse bewahrt werden. Dabei wird den selteneren Objekten hier relativ mehr Raum gegeben als den zahlreich diskutierten, wie etwa den archäologisch geborgenen Skeletten oder den Mumien. Damit verbunden ist auch eine Kapitelordnung, die sich nicht nach äquivalenten Kategorien richtet, sondern vorwiegend nach analogen Sachverhalten.

Der Blick ist nicht nur auf klassisch kulturgeschichtliche Sammlungen gerichtet, sondern begreift auch naturhistorische Kollektionen als selbstverständlich kulturhistorisch motiviert. Für einen Gutachter sollte leitender Gedanke sein, dem Objekts zumindest eine Grundkenntnis seiner kulturhistorischen Funktionalität entgegen zu bringen. So können gegebenenfalls ergänzende Hinweise wie beispielsweise Auswahlkriterien des ursprünglichen biologischen Trägers und subtile Manipulations- und Gebrauchsspuren leichter erfasst werden. Sie ergeben häufiger Anhaltspunkte für die kulturhistorische Zweckbestimmung der oftmals kulturell dekontextualisierten Sammlungsobjekte.

Zur Befassung mit menschlichen Überresten gehört selbstverständlich auch eine ethische Grundhaltung, zu der ebenfalls Stellung bezogen wird.

Zu danken habe ich den Kolleginnen, Kollegen, Expertinnen und Experten, die mich in Coronazeiten bei der Beschaffung der Literatur bzw. anderer Unterlagen oder mit Hinweisen unterstützt haben: Sabina Bernacchini, Margit Berner, Dorothea Deterts, Joanna Ebenstein, Manuela Fischer, Rupert Gebhard, Birgit Großkopf, Linda-Marie Günther, Andreas Grünschloß, Gaia Gubbini, Wulf-Dietmar Hund, Ernestine Hutter, Joachim Kaasch, Norbert Kruse, Dietmar Müller, Vera Müller, Ulrike Neurath, Ute Olliges-Wieczorek, Heidi Peter-Röcher, Stefan Pollak, Adrian Schmidt-Recla, Heiner Schwarzberg, Jörn Sieglerschmidt, Nicole Tiedemann-Bischop, Veronika Tocha, Kurt Sartorius, Engelbert Schramm, Arlene Shaner, Fanny Stoye, Urd Vaelske, Štěpán Vodička und Jana Wittenzellner. Selbstverständlich gehen etwaige Irrtümer oder Fehler des Textes zu meinen Lasten.

Ich bin dankbar, dass der Springer Verlag auch das vorliegende *essential* in sein Verlagsprogramm aufgenommen hat. Ein besonderer Dank richtet sich an meine stets offene, hilfreiche und zielorientierte Lektorin Stefanie Wolf im Hause Springer. Ebenso bin ich dankbar der Projektmanagerin Dagmar Kern, Springer,

Heidelberg. Mein Dank gilt auch Frau Kaviya Palani und Nadine Teresa, Chennai (Indien) und ihrem Team, die dem Manuskript schließlich Buchgestalt gaben.

Meiner Frau Susanne danke ich für manchen Rat und dass sie trotz berechtigtem Zweifel, mit Langmut und immer wieder verständnisvoll, meine wiederholten, aber nicht eingehaltenen, Ankündigungen über eingeschränkte Schreibarbeiten begleitet hat.

Göttingen                                                 Bernd Herrmann
im Juni 2021

# Inhaltsverzeichnis

# Einleitung: Über Empfehlungen zum Umgang mit menschlichen Überresten

**1**

## I

Der Deutsche Museumsbund hat mit seinen „Empfehlungen zum Umgang mit menschlichen Überresten in Museen und Sammlungen" (2013)[1] gedankenreich und unter Berücksichtigung der einschlägigen Literatur den Zwiespalt zwischen rechtlichen und ethischen Grundsätzen erörtert, die für die Sammlung menschlicher Überreste bedeutsam sind (Seiten 42–47). Danach eignet auch menschlichen Überresten eine Menschenwürde, die als ethischer (nicht verhandelbarer) Höchstwert angesehen wird. Für diese Feststellung bemüht die „Empfehlung" zahlreiche Denker der Aufklärung und Postmoderne, voran Immanuel Kants Instrumentalisierungsverbot.[2] Unabhängig von möglichen ethischen Grundsätzen existieren rechtliche Normen über den Umgang mit menschlichen Überresten. Beide unterliegen einem

---

[1] *Hinweis nach Manuskriptabschluss:* Der Deutsche Museumsbund hat mit Datum vom Juni 2021 eine aktualisierte Version als „Leitfaden" vorgelegt, den eine neu zusammengesetzte Arbeitsgruppe erarbeitet hat (https://s.gwdg.de/JwD6XJ). Das Publikationsdatum kollidierte mit dem Redaktionsschluss der hier vorgelegten Publikation, weshalb etwaige inhaltliche Änderungen oder Akzentverschiebungen gegenüber der Erstfassung von 2013 nicht berücksichtigt werden konnten. Bedauerlicherweise wird im neuen „Leitfaden" nicht auf etwaige Unterschiede oder Akzentverschiebungen gegenüber den „Empfehlungen" ausdrücklich hingewiesen. Auffallend ist, dass die fachliche Breite und Anzahl vertretener Einrichtungen in der Arbeitsgruppe, welche den „Leitfaden" verantwortet, augenscheinlich reduziert wurde.

[2] „Die Menschheit selbst ist eine Würde; *denn der Mensch kann von keinem Menschen* (weder von Anderen noch sogar von sich selbst) *bloß als Mittel, sondern muss jederzeit zugleich als Zweck gebraucht werden und darin besteht eben seine Würde* (die Persönlichkeit), dadurch er sich über alle anderen Weltwesen, die nicht Menschen sind, und doch gebraucht werden können, mithin über alle Sachen erhebt." (Metaphysische Anfangsgründe der Tugendlehre, Ethische Elementarlehre, § 38) (*Hervorh.* BH).

© Der/die Autor(en), exklusiv lizenziert durch Springer-Verlag GmbH, DE, ein Teil
von Springer Nature 2021
B. Herrmann, *Menschliche Überreste in Sammlungen,* essentials,
https://doi.org/10.1007/978-3-662-64172-9_1

zeitlichen Wandel. Jede Befassung mit dem Thema setzt jedoch auch ein thanato-
logisches Allgemeinwissen voraus, das beispielsweise mit dem Kompendium von
Héctor Wittwer et al. (2020) vorliegt.

Die „Empfehlungen" eignen sich im Prinzip für jeglichen wissenschaftlichen
Umgang mit menschlichen Überresten. Es werden hier einige Bemerkungen hinzu-
gefügt, weil sich die „Empfehlungen" auf zwei Grundsätze abkürzen lassen, deren
eigentliche Unvereinbarkeit eine salvatorische Vorgehensweise überbrücken soll.

Einmal erfolgt Berufung auf die Philosophie des Utilitarismus, der prinzipiell
die Interessen der Lebenden nach Erkenntnis und Fortschritt über die religiösen
Gefühle der Betroffenen und ihrer Angehörigen – sowohl aus europäischen als
auch aus außereuropäischen Kulturen – stellt (Empfehlungen S. 44).[3]

Zum anderen erfolgt Berufung auf die ethische Grundposition der universellen
Geltung der Menschenwürde, mit der kulturelle Dominanzansprüche unvereinbar
sind. Dem europäisch-aufgeklärten Erkenntnis- und Wissenschaftsinteresse gebühre
nicht ohne weiteres der Vorrang gegenüber dem historisch oder kulturell Fremden.
Vielmehr ist es selbst als eine mögliche kulturelle Praxis zu relativieren.[4] Im Kon-
fliktfall ist derjenigen Praxis zu folgen oder den Vorstellungen von Totenfürsorge
derjenigen, deren Kultur der Tote oder die menschlichen Überreste entstammen.
Welchem Weg man folge, würde wesentlich davon abhängen, ob und inwieweit
jene Vorstellungen der Herkunftsgesellschaft fortlebten, also (noch) als kulturell
bedeutsame Praxis feststellbar sind.[5] Denn im Fall einer obsoleten kulturellen Norm

---

[3] Der Utilitarismus ist letztlich eine Philosophie der Nutzenmaximierung. Besser scheint
mir eine Berufung auf den Pragmatismus sensu William James (1842–1910). – Z.B. ist die
Ausgrabung zahlreicher Skelette und ihre Magazinierung mit dem utilitaristischen Prinzip nur
schwer zu rechtfertigen, weil der Wissenszuwachs durch sie selbst unter Berücksichtigung
künftigen Wissenschaftsfortschritts auch dem Prinzip des Grenznutzens unterliegt. In einem
solchen Fall sollte besser auf den (pragmatischen) Hilfsgedanken zurückgegriffen werden,
den die Annales-Schule mit der Idee der *histoire serielle* formulierte.

[4] Eine Einsicht, die im Opus magnum von Philippe Descola (2013) ausführlich dargestellt ist.

[5] Man folgt hier also der pragmatischen Position des deutschen Rechts, wonach Mord zwar
nicht verjähre, die Bemühung zur Tataufklärung aber nicht über 100 Jahre hinaus betrieben
wird. Dabei sollten doch nach der vertretenen Logik die Persönlichkeitsrechte, die an den
physischen Erhalt eines Überreste geknüpft werden, mit dem Untergang des kulturellen Herkunftsraums nicht ebenfalls untergegangen sein. Erst die physische Auflösung des Überrests
selbst löst doch das Persönlichkeitsrecht (die Würde) auf. Es erscheint widersprüchlich, die
an einen Überrest geknüpften Persönlichkeitsrechte im Falle der Herkunft aus einer nicht
mehr existenten Kultur (vorgeschichtliche und historische europäische wie außereuropäi-
sche) für Überreste in Sammlungen und Museen – zumindest teilweise – außer Kraft zu
setzen. Viele Museen behaupten ja gerade, sich für den Erhalt des Erbes untergegangener
Kulturen einzusetzen.

wird das Erkenntnis- und Wissenschaftsinteresse in jedem Falle zu Lasten derjenigen befriedigt, die sich als Nachfahren der Sorge für ihre Toten, und dies ggf. in existentieller Weise, verpflichtet fühlen.

Ansprüche von Repräsentanten einer derartigen Gruppe auf die menschlichen Überreste eines solcherart entwürdigten Opfers wären aber grundsätzlich auch dann als bevorrechtigt anzuerkennen sein, wenn dem gegenwärtigen Besitzer der menschlichen Überreste deren Aneignung und damit verbundene Folgen nicht zugerechnet werden könnten (Empfehlungen S. 46).

Abgesehen von dieser Problematik wird der Umgang mit menschlichen Überresten deshalb noch komplizierter, weil selbstverständlich auch emotionale Aspekte berührt werden, die ihrerseits ebenfalls einer Zeitform unterliegen. Es bedarf also eines beständigen Aushandlungsprozesses aller in der Sache betroffenen Akteure. Sind die Objekte außerhalb Deutschlands oder zeitlich außerhalb derzeitig gültiger Rechtsnormen gesammelt oder nach hier verhandelt worden, ist nach heutiger Überzeugung der Einrichtungen, in deren Obhut sich derartige Objekte befinden, die strenge Überprüfung ihrer rechtlich und moralisch einwandfreien Aneignung bzw. ihres Erwerbs (Sammlerketten-Nachverfolgung, Provenienz) erforderlich. Deshalb war eine Hauptmotivation zur Erstellung jener „Empfehlungen" die Erarbeitung einer Grundlage zum Umgang mit Restitutionsansprüchen bzw. für etwaige Restitutionsangebote.

Der Deutsche Museumsbund hat in seinen „Empfehlungen" auch eine Differenz des vom ihm verwendeten Begriffs des „menschlichen Überrestes" gegenüber dem international gebräuchlichen Begriff der „human remains" (i.s. der englischen „Guidance for the Care of Human Remains in Museums (DCMS, London 2005)"(https://s.gwdg.de/ALRz3c 20.06.2021) konstruiert. Bewusst würde in den „Empfehlungen" die Wortfügung „menschliche Überreste" anstelle des international verbreiteten englischen Begriffs „human remains" verwendet. Der deutsche Ausdruck wäre aus der Formulierung „sterbliche Überreste" vertraut und führe, anders als der englische Ausdruck, deutlich vor Augen, wovon hier in der Regel die Rede wäre: von verstorbenen Menschen. Anders als der englische Begriff, dem ein distanzierender Gestus unterstellt wird, berühre der Ausdruck „menschliche Überreste" emotional. Das sei auch beabsichtigt, denn dies trage zu einer Sensibilisierung bei (Empfehlungen S. 7).

Nun kann in der Mehrzahl der Fälle in musealen und Sammlungs-Kontexten nicht von „verstorbenen *Menschen*" die Rede sein, sondern eher nur von deren Körperteilen.[6] Epistemologisch scheint die Zuschreibung der „Empfehlungen" wie ein Rückgriff auf die voraufklärerische Position, wonach ein jedes feste oder flüssige Teil eines lebenden (!) menschlichen Körpers stellvertretend für das Individuum und dessen Seele stünde und deshalb auch zu zauberischen Aktivitäten bis hin zu Machtgewinnung über das betreffende Individuum tauge. Dieses Verfügungsdenken setzte sich voraufklärerisch selbst in Leichenbehandlungen fort, wenn etwa nach juristischem Urteil (eines oder beider Rechte, *ius utrumque*) einem Toten das Recht auf würdige Bestattung verweigert oder der Leichnam in besonderer Weise exponiert bzw. sogar zerstückelt wurde und man seine Teile verstreute.[7]

Anders als die Autoren der „Empfehlung" annehmen, beinhaltet der Ausdruck „human remains" keinesfalls eine vorsätzliche emotionale Distanzierung, sondern ist im Zweifelsfalle höchstens eine weltanschaulich neutrale, sachliche Formulierung, die sich um Unabhängigkeit vom Kontext zu jeglichen Überzeugungssystemen bemüht. Und anders als die Autoren annehmen, ist der Terminus ‚Überrest', genauer ‚Sachüberrest', auch der angemessene und etablierte Ausdruck für die im weitesten Sinne geschichtswissenschaftliche (bzw. kulturwissenschaftliche) Befassung mit menschlichen Überresten als Erkenntnismittel und Quellenmaterial (von Brandt 2007: 56). Ausgerechnet für Museen und Sammlungen als den tatsächlichen oder nur behaupteten zentralen Orten wissenschaftlicher Tätigkeit die *wissenschaftlich gebräuchliche* Verwendung des Wortes ‚Überrest' zu übersehen und ihm absichtsvoll eine emotionale Facette aufzuladen, ist überraschend. Weniger überraschend ist dagegen, dass in einer deutschsprachigen Empfehlung ein englischer Terminus *aus sprachlichen Gründen* nicht zum Zentralbegriff wird, allerdings abweichend von der impliziten Behauptung, dass jener Begriff eine unsensible Distanzierung schaffe.

Die „Empfehlung" setzt sich länger mit den rechtlichen Aspekten des Umgangs mit menschlichen Überresten auseinander (Seiten 38, 42–47). Sie leitet ihre Setzungen aus ethischen Prinzipien des Kulturraumes ab. Diese Prinzipien bestehen

---

[6] Hier wird das Problem der akademisch geführten Argumentation offenkundig, weil für klinisch abgesetzte Körperteile eine analoge Würde-Diskussion und daraus folgende Verhaltensweisen nicht existiert.

[7] Diese Praxis einer Leichenbeseitigung ist bis auf den heutigen Tag in vielen totalitären Staaten üblich. In nämlicher Tradition ist die Tatsache zu sehen, dass zu Zeiten der Todesstrafe auch in Europa die Leichen Hingerichteter zur Weiterverwendung in die Anatomien überführt wurden. Sie hatten nach der Rechtsauffassung ihr Persönlichkeitsrecht (ihre Würde) verloren.

sowohl aus sittengesetzlichem Wissen[8] („das tut man nicht") als auch aus Materiellem Recht. Aus letztem ergibt sich das Problem, dass „menschliche Überreste" (Leichensachen) rechtlich / juridisch dem ‚Sachenrecht' zugerechnet werden und nur für einen sehr kurzen Zeitraum nach dem Tode als besonders schutzwürdig gelten. Hergestellt wird ein Anschluss an das Persönlichkeitsrecht und die sogenannte Totenehrung, ein unsicherer Rechtsbegriff.[9] Eine eingehende Erörterung des Zwiespaltes zwischen der juridischen Situation und der ethischen Grundposition unterbleibt.[10] Vielmehr wird der Anschluss an das ebenfalls dem Sachenrecht zuzurechnende Kulturgüterrückgabegesetz[11] hergestellt, das sich in seiner Substanz nicht auf menschliche Überreste bezieht, diese aber auch nicht ausschließt.

Als mögliche Gründe, die zu einer Deakzession menschlicher Überreste führen könnten, zählen die „Empfehlungen" als „selbsttätige" Deakzession (Eigeninitiative?) neben den in ihren Ausführungen bereits früher und ausführlich erwähnten Restitutionsansprüchen auf:

„- *die menschlichen Überreste sind nicht (mehr) Bestandteil des Sammlungskonzeptes*

*– eine ethisch angemessene und konservatorisch einwandfreie Aufbewahrung kann langfristig nicht gewährleitet werden"* (S. 50).

Dabei kennen die „Empfehlungen" als mögliche Abgabeempfänger lediglich „ein anderes Museum / eine andere Sammlung". Erstaunlicherweise wird eine Bestattung

---

[8] GG Art.2,1.

[9] Die Idee einer zunächst kirchlich fundierten ‚Totenehrung' entsteht mittelalterlich und ist als indirekter Ideengeber auch für die weltliche Gerichtsbarkeit anzunehmen. Ich sehe die spätere Rechtskonstruktion zuerst als Folge des „Erzwingungsmittels im Interesse der Wahrung kirchlicher Rechte und kirchlichen Besitzes" [gefolgert aus Ausführungen von Dieter Scheler (2006) und Walter Eder (2006: VIII)]. Ursprünglich war theologisch im Christentum kein Gräberschutz und keine ausdrückliche Totenverehrung vorgesehen.

[10] Als kritikferne, bloße Feststellung. Dass eine Klärung der unsicheren Rechtssituation und ihrer Begrifflichkeiten an dieser Stelle unterbleibt, erklärt sich aus der unmittelbaren Zwecksetzung der „Empfehlung".

[11] Gesetz zur Ausführung des UNESCO-Übereinkommens vom 14. November 1970 über Maßnahmen zum Verbot und zur Verhütung der rechtswidrigen Einfuhr, Ausfuhr und Übereignung von Kulturgut und zur Umsetzung der Richtlinie 93/7/EWG des Rates vom 15. März 1993 über die Rückgabe von unrechtmäßig aus dem Hoheitsgebiet eines Mitgliedstaats verbrachten Kulturgütern (Kulturgüterrückgabegesetz – KultGüRückG).

eines möglich auszusondernden Überrests nicht in Erwägung gezogen, obwohl dies zu den naheliegenden Motiven seiner Deakzession gehören könnte.[12] Ausdrücklich *nicht* beziehen sich die „Empfehlungen" auf biowissenschaftliche Gewebebanken und Einrichtungen der Forensik (was aus deren Zweckbestimmung einleuchtet) und – etwas überraschend – ebenfalls nicht auf Totengedenkstätten und sakrale Räume wie Kirchen, Kapellen und Gruften. Für säkulare Einrichtungen des Totengedenkens erscheint die Ausnahme verständlich. Ob ein Flurdenkmal mit menschlichen Überresten als ‚sakraler Raum' einzustufen ist, soll nicht weiter befragt werden. Von Kirchen, Kapellen und Grüften wird aber offenbar angenommen, dass sie Garanten einer besonderen ethischen Verantwortung im Umgang mit menschlichen Überresten wären. Ausgerechnet dagegen lassen sich zahllose Beispiele eines kommerzialisierten, sehr profanen Umgangs mit den ethisch und emotional als schutzwürdig betrachteten Überresten beibringen, in dessen Zentrum überwiegend ein nekroaffiner Voyeurismus der Besucher oder deren sublime Faszination durch den Grusel vermutet werden darf.

Ob die Position der „Empfehlung" implizit auf eine *allgemeine* Kritik am Sammeln und belehrenden Ausstellen menschlicher Überreste, auch aus wissenschaftlicher Motivation, hinaus läuft, wird hier nicht weiter verfolgt. Der vermutete Sensibilitätsmangel wäre, wenn er denn tatsächlich existierte, einerseits logische Folge des aufgeklärt-rationalen Wissenschaftskonzeptes, verbunden mit der Grundposition aus der Setzung *de nos ipse silemus* (Roger Bacon), der naturwissenschaftlichen „Entzauberung der Welt" (Max Weber) sowie der Folge des abendländischen Idolatrieverbotes, nach dem Gegenstände nur Gegenstände sind und frei von jeglichen verehrungswürdigen oder sonstigen spirituellen Eigenschaften. Die „Empfehlungen" übersehen auch eine im eigenen Kulturkreis erfolgte Erhöhung der Sensibilität. Seit einiger Zeit sind dem Sammeln von Proben aus Obduktionen zur Bedienung eines naturwissenschaftlich-medizinischen Interesses, sei es für systematische Studien oder wegen eines besonderen Anschauungswertes, erhebliche Hürden gesetzt und von gesicherten rechtlichen Grundlagen und der Stellungnahme von Ethikkommissionen abhängig gemacht worden. Eine ehedem verbreite Praxis der umstandslosen Akquise wurde damit beendet.

Nun existieren Überzeugungssysteme, denen die szientifische Betrachtungsweise fremd ist (Beispiele bei Descola 2013). Sie nehmen nicht an der rational-materialistisch-naturwissenschaftlichen Welterklärung teil, wie sie für heutige europäische museale Einrichtungen unter mittlerweilem Ausschluss jeglicher

---

[12] Der Leitfaden „Deakzession – Entsammeln. Leitfaden zur Sammlungsqualifizierung durch Entsammeln" des Österreichischen Museumsbundes, Wien 2016 (https://s.gwdg.de/m9Nllj) erörtert nur Restitutionsansprüche.

Kunst- und Wunderkammerphilosophien in Anspruch genommen wird und die die „Empfehlungen" zu ihrer Handlungsmaxime machen.

Das Dilemma aus der Unvereinbarkeit dieser Positionen ist und bleibt für Sammlungen, die dem aufgeklärt rationalen Wissenschaftskonzept verpflichtet sind, bestehen. Es wäre nur vermeidbar, wenn derartige Sammlungen auf die Aufnahme von Exponaten aus Kulturen anderer Welterklärungssysteme verzichteten. Selbst von dort freiwillig übergebene Stücke stünden ja dann unter dem Regime des aufgeklärten Wissenschaftsanspruchs bzw. könnten mit dessen Mitteln nicht angemessen erklärt werden.

Den „Empfehlungen" ist trotz vorstehender Bemerkungen vorbehaltslos hinsichtlich derjenigen Position zuzustimmen, wonach alle Monita ihre Wirkung verfehlten, wenn das Sammeln und ggfls. das Ausstellen unbewusst oder bewusst unter Vernachlässigung oder Missachtung spezifischer kultureller Selbstverständlichkeiten und etwaiger spiritueller Aufladungen der Gegenstände erfolgt oder erfolgte. Das kolonialistische Selbstverständnis stand einer solche Auffassung entgegen. Aber selbst dort, wo man sich interkulturell um Augenhöhe bemüht: Wie kann es zwischen unterschiedlichen Weltanschauungen bzw. Überzeugungssystemen zu informierter Einwilligung (informed consent) kommen, die sich sämtlicher Konsequenzen bewusst ist? Wer in einer Kultur strikter Sequestrierung der Lebenden von den Toten, in einer Kultur der Auflassung von Gräbern nach einer gesetzlich festgelegten Liegezeit, in einer Kultur der versachlichten Naturauffassung und womöglich eines kolonialen Überlegenheitsdenkens aufgewachsen ist, wird schwerlich zu angemessenem Informieren des fremdkulturellen Mitmenschen fähig (gewesen) sein. Selten haben einschlägige Sammlungsobjekte den Weg in europäische Museen gefunden, einzig um der von beiden Seiten ausdrücklich gemeinten Bewahrung der indigenen Überzeugung willen (Abb. 1.1).

## II

Erstaunlicherweise gehen die „Empfehlungen" nicht dezidiert auf das Spektrum möglicher *Motive* für das Sammeln menschlicher Überreste ein.

Für lebenswissenschaftliche Einrichtungen lägen solche Gründe eigentlich auf der Hand. Hier wird allermeist das Prinzip *mortui viventes docent* (lat.: Die Toten lehren die Lebenden) in Anspruch genommen. Doch kann das nicht in allen Fällen gelten: So wurde beispielsweise der Serienmörder Fritz Haarmann 1925 mit dem Fallbeil hingerichtet. Die nachfolgende Untersuchung des Gehirns des Delinquenten erscheint wegen dessen Verhaltensauffälligkeit noch nachvollziehbar, kaum

**Abb. 1.1** Heiliges Netz der Eipo/ Eipomek (Zentralgebirge in West-Papua). Das Netz bewahrt menschliche Überreste von Ahnen (Ethnologisches Museum Berlin, SMB-SPK). Übergeben wurde das Netz von den Eipo auf der Neuguinea-Expedition des Berliner Völkerkundemuseums in den 1970er Jahren. Dies geschah unter der Auflage, das Netz museal zu bewahren, weil die zeitgleich missionierenden us-amerikanischen christlichen Fundamentalisten die Eipo massiv zur Aufgabe ihrer Traditionen und Überzeugungen drängten und die Zerstörung spiritueller Elemente ihrer Kultur betrieben. Die anthropologische Untersuchung des Netzinhalts durch Verf. erfolgte in den 1970er Jahren deshalb nur durch äußere Inspektion und nach Erwägung und Diskussion etwaiger spiritueller Schäden durch ergänzende Röntgenuntersuchung[13]

---

[13] Alle Abbildungen, wenn nicht anders vermerkt, vom Verfasser.

dagegen die Aufbewahrung des ganzen Kopfes als Feuchtpräparat.[14] Welche Lehre sollte das Präparat dieses abgetrennten Kopfes dem Betrachter vermitteln?

Dem Beispiel ist indes eine übergeordnete Tatsache abzugewinnen, die gleichermaßen für die Lebenswissenschaften wie für die Kulturwissenschaften gilt und für jede Art Sammlung von ganz erheblicher, wenn nicht entscheidender Bedeutung ist: es geht nämlich auch bei der Sammlung menschlicher Überreste *um das authentische Original,* um die *Aura* eines Sammlungsstückes, um die besondere, um eine geheimnisvolle, unaussprechliche Ausstrahlung, die ein Betrachter empfinden kann oder vielleicht sogar soll (hierzu Anhang zu Kap. 1). Wenn es nur um die Betrachtung der Oberfläche des Objektes ginge, wäre die in den Zeiten der Wachsfigurenkabinette und der modernen Werkstoffe so originalgleich nachzubilden, dass der Betrachter den Unterschied nicht merkte. Zumindest wäre, eine erstklassige Nachbildung vorausgesetzt, eine betrachtende Begutachtung auch im Rahmen einer naturwissenschaftlichen Untersuchung möglich.

## III

Menschliche Überreste umfassen – auch nach den Empfehlungen des Deutschen Museumsbundes – *alle körperlichen Überreste, die der biologischen Art Homo sapiens zuzurechnen sind.*

Dazu zählen: alle unbearbeiteten, bearbeiteten oder konservierten Erhaltungsformen menschlicher Körper sowie Teile davon. Darunter fallen insbesondere Knochen, Mumien, Moorleichen, Weichteile, Organe, Gewebeschnitte, Embryonen, Föten, Haut, Haare, Fingernägel und Fußnägel (die vier letztgenannten auch, wenn sie von Lebenden stammen) sowie Leichenbrand, alle (Ritual-)Gegenstände, in die menschliche Überreste nach der oben genannten Definition bewusst eingearbeitet wurden.[15]

Die Aufzählung scheint für museale Zwecke resp. Sammlungen ausreichend. Für eine systematische Aufzählung sind nachzutragen: Abgüsse (Lebender wie Toter), Konkremente (feste Ablagerungen in Körperhohlräumen bzw. Organen), Inhalte archäologisch fassbarer Latrinengruben („Kloaken") und Koprolithe. Sie werden möglicherweise nicht (systematisch) gesammelt, in Einzelfällen werden repräsentative Proben des Substrates aufbewahrt. Im Grunde gehört hier auch alles zu den Überresten, was durch direkten Körperkontakt mit einem Lebenden oder Toten entstand *und ihn repräsentiert* (vgl. auch Fußnote 2, Kap. 9). Fotographien werden deshalb ausgeschlossen. In einem erweiterten Verständnis gehören auch die am

---

[14] Das Präparat befand sich in den Medizinischen Sammlungen der Universität Göttingen. Seine Einäscherung erfolgte 2014.

[15] Empfehlungen S. 9.

oder im Objekt befindlichen Ektoparasiten und Endoparasiten der Menschen zu ihren Überresten.

*Dabei können nur jene Überreste normativ als schutzwürdig gelten, die auch zu Lebzeiten als schutzwürdig gelten, also nicht nachwachsen und keinen Einmaligkeitswert für das Individuum besitzen*

Über Anhaftungen, also Spuren körperlicher Substanzen auf Trägermaterialien, äußern sich die „Empfehlungen" nicht. Dabei existieren z. B. Blutspuren, die historischen Persönlichkeiten, bis hin zu Jesus Christus, zugeordnet werden. Einbezogen werden müssten auch historische Plazentatöpfe, in denen Überreste von Nachgeburten vergraben wurden, die dann eintrockneten. Mögliche Träger von Kontaktspuren, zumeist an Textilien, werden hier noch der Vollständigkeit halber erwähnt.

## Anhang zu Kap. 1.

Aus: Walter Benjamin (1974: 437-438) *Das Kunstwerk im Zeitalter seiner technischen Reproduzierbarkeit.* Zitiert wird aus dem Vorwort, in dem es bereits vorbereitend für den gesamten Essay um den Gedanken der Aura eines Kunstwerks geht. Setzt der Leser anstelle des Wortes „Kunstwerk" den Ausdruck „menschlicher Überrest" und ergänzt im Text an passender Stelle sinngemäß, so ergibt sich eine überzeitliche Einsicht im Hinblick auf die Sammlungstätigkeit auch für menschliche Überreste, zumal anderer Kulturen:

<437>Noch bei der höchstvollendeten Reproduktion fällt eines aus: das Hier und Jetzt des Kunstwerks - – sein einmaliges Dasein an dem Orte, an dem es sich befindet. An diesem einmaligen Dasein aber und an nichts sonst vollzog sich die Geschichte, der es im Laufe seines Bestehens unterworfen gewesen ist. […] Das Hier und Jetzt des Originals macht den Begriff seiner Echtheit aus, und auf deren Grund ihrerseits liegt die Vorstellung einer Tradition, welche dieses Objekt bis auf den heutigen Tag als ein Selbes und Identisches weitergeleitet hat. Der gesamte Bereich der Echtheit entzieht sich der technischen – und natürlich nicht nur der technischen – Reproduzierbarkeit. Während das Echte aber der manuellen Reproduktion gegenüber, die von ihm im Regelfalle als Fälschung abgestempelt wurde, seine volle Autorität bewahrt, ist das der technischen Reproduktion gegenüber nicht der Fall. […] <438> Diese [in einer Reproduktion] veränderten Umstände mögen im Übrigen den Bestand des Kunstwerks unangetastet lassen – sie entwerten auf alle Fälle sein Hier und Jetzt. Wenn das auch keineswegs vom Kunstwerk allein gilt sondern entsprechend zum Beispiel von einer Landschaft, die im Film am Beschauer vorbeizieht, so wird durch diesen Vorgang am Kunstwerk doch ein empfindlichster Kern berührt, den so ein Gegenstand der Natur nicht aufweist. Das ist seine Echtheit. Die Echtheit einer Sache ist der Inbegriff alles von Ursprung her an ihr Tradierbaren, von ihrer materiellen Dauer bis zu ihrer

geschichtlichen Zeugenschaft. Da die letztere auf der ersteren fundiert ist, so gerät in der Reproduktion, wo die erstere sich dem Menschen entzogen hat, auch die letztere: die historische Zeugenschaft der Sache ins Wanken. Freilich nur diese; was aber dergestalt ins Wanken gerät, das ist die Autorität der Sache, ihr traditionelles Gewicht. Man kann diese Merkmale im Begriff der Aura zusammenfassen und sagen: Was im Zeitalter der technischen Reproduzierbarkeit des Kunstwerks verkümmert, das ist seine Aura. Dieser Vorgang ist symptomatisch; seine Bedeutung weist über den Bereich der Kunst weit hinaus. Die Reproduktionstechnik, so lässt sich allgemein formulieren, löst das Reproduzierte aus dem Bereiche der Tradition ab. Indem sie die Reproduktion vervielfältigt, setzt sie an die Stelle seines einmaligen Vorkommens sein massenweises. Und indem sie der Reproduktion erlaubt, dem Beschauer in seiner jeweiligen Situation entgegenzukommen, aktualisiert sie das Reproduzierte.

# Die kulturhistorische Facette

2

Der Körper ist für jeden Menschen a priori die zentrale existentielle Grunderfahrung. *„Er ist Gegenstand für mich, und ich bin dieser Körper selber. Es ist zwar zweierlei, wie ich leiblich mich fühle und wie ich als Gegenstand mich wahrnehme, aber beides ist unlösbar verbunden"* (Jaspers 1946: 74). Anders als Helmuth Plessner (1975) mit der „exzentrischen Positionalität des Menschen" konstatierte, ist diese Fähigkeit zur Selbstbeobachtung keinesfalls auf Menschen beschränkt. Der mögliche Umfang menschlicher Selbstreflektion ist aber letztlich eine der Ursachen, warum der Umgang mit menschlichen Überresten zum Problem werden kann. Grundsätzliches zum Körper als privater und öffentlicher Person, das Karl Jaspers' Feststellung erweiterte, hatte Ernst Kantorowicz (1990) mit dem Rückgriff auf den Rechtssatz elisabethanischer Kronjuristen ausgeführt. Danach hätte der König einen natürlichen, sterblichen, und einen übernatürlichen, den Engeln gleichen, Körper, der niemals sterbe. Diese Idee zweier bzw. mehrerer Eigenschaften eines Körpers, die sich auf unterschiedlichen existenziellen und metaphysischen Ebenen befinden, darf letztlich auch für jeden Menschen vermutet werden. Sie schließt über den Individualtod hinausreichende Zuschreibungen von Eigenschaften mit ein. Offenbar handelt es sich um ein in allen Kulturen bekanntes Phänomen, eine kulturelle oder anthropologische Konstante, die selbst in radikalmaterialistischen Kulturen existiert (man denke an balsamierte sozialistische Parteiführer). Sie ist die Voraussetzung für einen „politischen Totenkult", den Olaf Rader (2003) in einem Überblick von Alexander dem Großen bis Lenin behandelt. Wichtige einschlägige Hinweise, auch zu indigenen außereuropäischen Kulturen, finden sich in Jan Assmann und Rolf Trauzettel (2002).

In der erwähnten Mehrfacheigenschaft eines menschlichen Körpers gründet vermutlich auch eine Motivation zur Sammlung menschlicher Überreste, jedenfalls solcher Sammlungen, die nicht aus medizinisch-naturwissenschaftlichem Interesse angelegt wurden.

Mehrfacheigenschaften werden in unserer Kultur bestenfalls noch den mit Menschen besonders eng verbundenen Haustieren zugeschrieben. Anders ist dies in animistischen und totemistischen Kulturen, in denen Tieren grundsätzlich den Menschen vergleichbare Wesensarten zugeschrieben werden (hierzu ausführlich Descola 2013). Auch bei uns herrschten derartige Vorstellungen noch bis zum Ende der sogenannt magischen Wissenschaftspraxis in die Weltdeutung und Ressourcenbewirtschaftung hinein (Daston und Park 1998, bes. Kap. 2; Thorndike 1958), die letztlich erst im 19. Jahrhundert auslief. Aber zu diesem Zeitpunkt hatte das Sammeln zumindest tierlicher Überreste längst eine lange Tradition in Kunst- und Wunderkammern hinter sich. Dort gab es u. a. Knochen von ‚Riesen' (tatsächlich von Walen) und Tierpräparate aus allen bekannten Erdteilen. Der menschliche Totenkopf war ebenso obligatorisches Sammlungsobjekt, in erster Linie als Symbol der Vanitas, an dessen Stelle auch Surrogate aus Bein oder gar Holz treten konnten (Müllegger 2011). Am berühmtesten war wohl seinerzeit die Anatomische Sammlung von Frederik Ruysch (1638–1731). Begehrt waren u. a. auch die Exoskelette von tropischen Mollusken, die als Spekulationsobjekte die Tulpenzwiebeln abgelöst hatten (Abb. 2.1).

In das Umfeld zugeschriebener Mehrfacheigenschaften menschlicher Überreste sind schließlich auch der Reliquienkult der katholischen Kirche ebenso anzusiedeln wie auch die Versuche zur Bemächtigung ganzer Leichname, die nicht mit medizinischem Kenntniserwerb in Verbindung gebracht werden können.

Es gab jene Versuche, u. a. in Form der Zerstörung der Gräber antiker Herrscher, vor der sich auch ein König Kyros II (ca. 590–530 BPE) fürchtete, denn er ließ auf sein Grabmal folgende apotropäische Inschrift anbringen: „*O Mensch, wer Du auch bist und woher Du kommst; denn dass Du kommen wirst, weiß ich: Ich bin Kyros, der den Persern ihr Reich geschaffen hat. Missgönne mir also nicht dieses bisschen Erde, das meinen Leib umhüllt*" (nach Plutarch, Alexander 69). Sein beraubtes und zerstörtes Grabmal in Pasargadae wurde auf Anweisung Alexanders des Großen als Kenotaph wieder hergestell. Lange vor Alexander hatten Kulturen in Nordafrika und im Vorderen Orient begonnen, öffentliche Inszenierungen von Tod und Bestattungen zu veranstalten.

Hinrichtungen, Martyrium und Schändungen gehören seit der Antike und wahrscheinlich auch schon vorher ins öffentliche Repertoire (Günther und Oberweis 2006; auch Burschel 2004). Hier anzuschließen ist auch die im mittelalterlichen und frühneuzeitlichen Europa verbreitete Vorgehensweise gegen den unerklärlich motorisch oder psychisch Kranken, gegen angebliche gesellschaftliche Außenseiter, gegen Straftäter, gegen Vampire und Nachzehrer. Man bemächtigte sich u. a. ihrer Leichname, die man nicht regelhaft bestattete, deren

**Abb. 2.1** Johann Georg Hinz (1666) Der Kleinodienschrank oder Das Kunstkammerregal. Hamburg Kunsthalle (Bildrechte: anagoria – wikimedia commons). Es handelt sich um die Darstellung einer Kunst- und Wunderkammer im Kleinformat, die nicht nur technische und künstlerische Artefakte (Scientifica und Artificialia) verwahrte, sondern auch Kunstformen der Natur (Naturalia), als Versinnbildlichung der gesamten Welt. Unter den Kleinodien nehmen, nicht nur der Haltbarkeit wegen, Weichtiergehäuse einen besonderen Platz ein. Sie symbolisieren außer ihrer Vanitaseigenschaft zugleich auch als Kapitalanlagen den weltlichen Reichtum ihres Besitzers. Dieser wird im Beispiel allerdings durch die versammelten Pretiosen und kunstgewerblichen Meisterstücke noch mehr betont

Gräber man öffnete, um ihnen einen Holzpflock durch den Brustraum zu treiben, um den Schädel mit Steinen zu zerschmettern, den Leichnam mit Steinen zu beschweren, oder den Kopf vom Rumpf zu trennen [Beispiele: Gräberfeld Sanzkow (DE) (Ulrich 1969), Bestattungsareal Gliwice (PL)(Pierzak et al. 2019), Friedhof Krumlov (CZ) (Steindl 2007)]. All dies, um sich vor den gespenstig umgehenden Toten zu schützen und diese zu bannen.

Die Verbindung mit den Angehörigen über deren Tod hinaus wird in vielen Kulturen gepflegt. In der Katholischen Kirche helfen die Lebenden seit der Erfindung des Fegefeuers den Verstorbenen durch Gebete, Fasten und Almosen bei ihrem Läuterungsprozess im ‚Purgatorium‘. Derartige ‚unkörperliche‘ bzw. nicht-hypostasierte Verbindungen zu Verstorbenen sind auch in anderen Überzeugungssystemen verbreitet. Vielleicht handelt es sich hierbei, etwa in der Allerseelen-Tradition, um eine ‚fortschrittlichere‘, eine im Sinne von Norbert Elias ‚zivilisiertere‘ Form des Weiterbestehens einer Familiengemeinschaft.

In anderen Kulturen wurde diese Beziehung auf eine sehr direkte Weise gelebt. Beispielsweise war es indianischen Kulturen Nordamerikas selbstverständlich, die Skelettreste bzw. den Leichenbrand verstorbener Angehöriger auf ihren saisonalen Wanderungen mit sich zu führen. In einigen Regionen Südostasiens versorgte man die teilweise mumifizierten bzw. skelettierten Überreste in ‚Ahnenhäusern‘. In diesen Regionen konnte auch der Schädel eines verstorbenen Mannes der Witwe als Kopfstütze dienen.

Für den europäischen Blick war es eben diese Fremdheit, das Exotische im Umgang mit „Überresten", welche das Interesse weckte und die Vielzahl von „unbearbeiteten, bearbeiteten oder konservierten Erhaltungsformen menschlicher Körper sowie Teilen davon [und] alle (Ritual-)Gegenstände, in die menschliche Überreste […] bewusst eingearbeitet wurden"[1] in die musealen Einrichtungen bzw. Sammlungen Europas brachte. Und auch nach anderswo, je nach Blickrichtung, kulturellem Hintergrund und relativ gefühlter ‚Exotik‘. Stellvertretend und abkürzend sei hier auf den Überblick über das mögliche breite Spektrum hingewiesen, welches die Objekte der vergleichenden Kulturgeschichte liefern, den Alfred Wieczorek und Wilfried Rosendahl (2011) am Beispiel menschlicher Schädel zusammengestellt haben.[2] Ob eingestanden oder nicht: Maßstab für die Aufnahme in diesen Katalog war der ‚europäische Blick‘.

---

[1] Empfehlungen S. 9.

[2] Es handelt sich um einen Ausstellungskatalog, der anschaulich eine Fülle von Beispielen unterschiedlichster kultureller Modifikationen und Verwendungsformen von Schädeln vorführt. Die Beitragsautoren verweisen nicht durchgängig auf einschlägige Referenzpublikationen. Die Beiträge zum wissenschaftlichen Begleitkolloquium der Ausstellung liefern einige substanzielle Ergänzungen (Wieczorek et al. 2012).

In Europa entwickelten naturwissenschaftliche Sammlungen früh, aber vor allem im 18. und 19. Jahrhundert, ein Interesse an der Vielfalt menschlicher Phänotypen. Vor dem Hintergrund des europäischen Kolonialismus wurden „rassekundliche" Fragen zu biologisch, in der Hauptsache aber sozio-ökonomisch begründeten Legitimationen dieser Unterdrückungs- und Ausbeutungspolitiken. In der Folge wurden zahlreiche menschliche Überreste, vor allem Skelette, Mumien und Lebend-Abformungen, gesammelt und in europäische naturkundliche und völkerkundliche Sammlungen verbracht. Die Sammelaktivitäten beruhten nicht erst nach heutigen Standards fast ausschließlich auf zutiefst unethischen Handlungen (siehe Hund 2009).

# Grundlagen der Begutachtung 3

Die Begutachtung menschlicher Überreste in Sammlungen wird sich im Bedarfsfall der Expertise verschiedener Fachrichtungen bedienen. Obwohl in den „Empfehlungen" nur nachrangig erwähnt (S. 28), sollen in dem hier verwendeten Verständnis unter „Sammlungen" auch ausdrücklich *Archive* jeglicher Art verstanden werden.

Die Beurteilung von „Überresten" wird hinsichtlich ihrer Komplexität unterschätzt und mitunter ohne ausgewiesene fachliche Qualifikation vorgenommen. Allein für die kulturhistorische Bewertung von Überresten werden in der Hauptsache Sammlungsspezialisten der Kulturgeschichte, der Kunstgeschichte, der Ethnologie, der Religionsgeschichte, der Medizingeschichte und der Wissenschaftsgeschichte um Beurteilung gebeten werden. Für den menschlichen Überrest selbst, der allererst anatomisch definiert ist, wird zweckmäßig auf das Urteil eines Spezialisten für Prähistorische Anthropologie, der auch Erfahrung mit der Beurteilung ethnologischer Objekte hat, zurückgegriffen.

Befinden sich am Überrest selbst Materialien nichtmenschlicher Herkunft, wie tierlicher bzw. pflanzlicher Herkunft oder Aufträge von Farbstoffen, erweitert sich die Liste qualifizierter Sachverständiger. Sie wird noch länger, wenn eine Altersbestimmung mit physiko-chemischen Methoden durchzuführen ist oder eine Herkunftsbestimmung. Letztere ist mit aDNA-Techniken möglich, kann aber in der Ortsauflösung hinter den Möglichkeiten einer Analyse der Stabilen Isotope zurück bleiben. Das Querschnittsgebiet der *Archäometrie* hält eine Vielzahl von spezifischen Zugängen zu spezifischen Fragen der Materialanalysen bereit. Hier wird man im Bedarfsfall Orientierung und Handlungsanweisung zu derartigen Fragen finden. Leider sind die Monographien von Mary Sandford (1993) und Don Brothwell und Mark Pollard (2001) nicht aktualisiert worden, und sie wurden von neueren Publikationen hinsichtlich technischer Details überholt. Sie vermitteln indes nach wie vor einen qualifizierenden Überblick über die komplexen Problemstellungen und Zusammenhänge einschlägiger archäometrischer Zugänge, mit Ausnahme zu den aktuellen biochemischen und molekularbiologischen Methoden. Neuere Monographien zur Archäometrie konzentrieren sich allermeist auf die Analysen anorganischer Materialien. Untersuchungen organischer Materialien werden in Einzelbeiträgen (z. B. in Hauptmann und Pingel 2008; Reindel und Wagner 2009) oder einschlägigen Zeitschriften veröffentlicht. Gegebenenfalls ist eine Orientierung in Veröffentlichungen zur Biologischen Spurenkunde (Herrmann und Saternus 2007) zweckmäßig. Analysen der DNA lassen heute im Idealfall nicht nur eine Bestimmung des geographischen Herkunftsraums, sondern auch eine Geschlechtsdiagnose zu. Für Fragen zu Herstellungstechniken kulturell modifizierter Objekte unter Verwendung menschlicher Überreste kann auch die Expertise eines Kulturanthropologen nützlich oder erforderlich sein.

Bei der Begutachtung der anatomischen Eigenschaften eines Überrests wird es zunächst immer um die basalen anthropologischen Eigenschaften gehen: um Individualalter und biologisches Geschlecht. An ihnen sind in allen Kulturen die (primären) Sozialrollen von Menschen festgemacht. Deshalb wird die Frage nach der Funktionalität eines Überrestes von hier ihren Ausgang nehmen. Andererseits können Form- und Strukturabweichungen von der Normalanatomie die Bedeutung dieser Basisdaten in den Hintergrund treten lassen, ebenso gut können sie verstärkend wirken. Die handwerklichen Grundlagen vermitteln die Lehrbücher der Prähistorischen Anthropologie (Herrmann et al. 1990; Herrmann und Saternus 2007; Grupe et al. 2015).

Die Inspektion der Überreste gibt zumeist Hinweise auf die Herstellungsweise der Objekte. Häufig tragen sie Manipulations- und Gebrauchspuren, die manchmal erst nach akribischer Suche auffallen. Von ergänzendem Nutzen sind deshalb Lehrbücher der Gerichtlichen Medizin (z. B. Madea 2015), vor allem in Ergänzung der analytischen archäometrischen Verfahren. Für Abbildungen von Skelettteilen mit Manipulationsspuren ist die Konsultation älterer Lehrbücher der Rechtsmedizin möglicherweise zielführend. Auch können archäozoologische Monographien Hinweise zu Manipulationen oder Zerteilungstechniken mit unterschiedlichen Werkzeugen liefern.

Außer dem Hinweis, dass solide Grundbildung, umfangreiche Sachkenntnis und Erfahrung als zweckmäßige Voraussetzung für die Begutachtung unabweisbar erforderlich sind, gibt es schwerlich weitergehende Empfehlungen. Zudem macht es die Einzigartigkeit eines jeden Exponates unmöglich, vorab einen Katalog zu treffender Feststellungen, außer der oben erwähnten Beibringung der biologischen Basisdaten, zu formulieren.

# Menschliche Überreste in Naturwissenschaftlichen und Medizinischen Sammlungen

Die Sammlung menschlicher Überreste konzentrierte sich historisch aus praktischen Gründen überwiegend auf Skelette und deren Elemente. Neben der männlichen und weiblichen Referenzgestalt lagen Schwerpunkte des Sammelns auf drei Bereichen: auf dem weltweiten Formenspektrum von Menschen, auf körperlichen Fehlbildungen (Terata) und auf Knochenkrankheiten (Abb. 4.1).

Der Göttinger Gelehrte Johann Friedrich Blumenbach (1752–1840) kam nach dem Studium zahlreicher Schädel seiner Sammlung zu der Einsicht *„es gibt fünf Hauptvarietäten des Menschengeschlechts, aber nur eine Gattung derselben [...] Es scheint mir nach langer und genauer Erwägung, das ganze bis jetzt bekannte Menschengeschlecht am füglichsten, und zwar der Natur gemäß, in folgende fünf Hauptvarietäten eingeteilt werden zu können; welche sich mit den Namen A) der kaukasischen, B) der mongolischen, C) der äthiopischen, D) der amerikanischen und E) der malayischen bezeichnen und von einander unterscheiden lassen"* (Blumenbach 1798: 203, 204; Abb. 4.2).

Blumenbachs Einsicht wurde zu einem kanonischen Text und gleichsam zu einem archimedischen Punkt in der aufkommenden „Rassenkunde" (hierzu Rupke und Lauer 2019). Diese entsprang ursprünglich den Systematisierungsbestrebungen der Biologie, das den *Homo sapiens* nicht ausnehmen wollte, war jedoch bereits seit der *Systema naturae* Linnés (Auflagen ab 1735) mit politischen resp. weltanschaulichen Vorurteilen belastet[1] (siehe z. B. Schwarzweissheiten 2001;

---

[1] „Systema naturae" ab 1735 in insgesamt 12 von Linné selbst besorgten Ausgaben. Als Referenzausgaben gelten die 10. oder 12. Auflage (z. B. https://s.gwdg.de/rlpY6d). Linné vergab für den Jetztmenschen den biologischen Namen *Homo sapiens* und begründete ihn ontologisch. – In Zusammenhang mit der gegenwärtigen Diversitätsdiskussion ist auch der Rassebegriff erneut aufgegriffen worden, ohne, dass dabei die *die Einsichten der modernen Biologie* angemessen berücksichtigt würden. Deren Position ist mit bleibender Gültigkeit

B. Herrmann, *Menschliche Überreste in Sammlungen*, essentials, https://doi.org/10.1007/978-3-662-64172-9_4

**Abb. 4.1** Blick in die vergleichend-anatomische (zootomische) Abteilung der hochberühmten Meckel-Sammlungen in Halle/Saale. Die Sammlungen sind benannt nach den drei bekannten Anatomen Johann Friedrich Meckel d. Ä. (1724–1774), Philipp Friedrich Theodor Meckel (1755–1803) und Johann Friedrich Meckel d. J. (1781 bis 1833). (aus: Peschke 2019)

Hund 2009). An einem Ende der Formenkunde, die ideologisiert im Staatsrassismus endete, stand dann auch die entsetzliche Idee der Sammlung von Skeletten jüdischer Menschen, die auf Wunsch des Strasburger NS-Anatomen August Hirth (1898–1945) für diese Sammlung 1943 ermordet wurden.

Eine fundamentale Grundlage der lebenswissenschaftlichen Naturerkenntnis ist die sichere Bestimmung von Anzeichen, Zeichen und Erscheinungsformen biologischer Strukturen im Zusammenhang mit diagnostischen bzw. kurativen Bemühungen. Sie war es besonders in den Zeiten, in denen analytische und bildgebende Verfahren noch nicht verfügbar waren. Die Anlage von Sammlungen biologischer Objekte mag zwar ihren Ursprung in der Sammlung von Kuriositäten oder ‚Wundern der Natur' gehabt haben, ihre Bedeutung zum Zwecke der Ausbildung von Naturwissenschaftlern und Medizinern war spätestens im 18. Jahrhundert gesichert und führte vielerorts zu entsprechender Sammlertätigkeit. Gesammelt wurden eigentlich alle Gewebearten, wobei Skelette bzw. Skelettelemente als Trockenpräparate kaum Probleme bereiten. Trockenpräparate

---

konzise von Cavalli-Sforza, Menozzi und Piazza (1993, S. 19) beschrieben worden, eine detailreiche Darstellung mit aktuelleren genetischen Daten hat Kattmann (2021) vorgelegt.

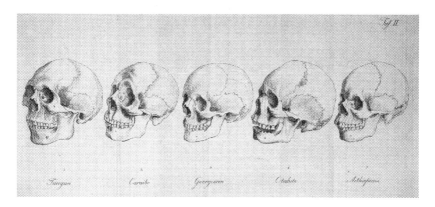

**Abb. 4.2**  Die Abbildungen dieser Schädel repräsentieren die ‚Typusexemplare' der Menschenvarietäten Blumenbachs. Von links: Tunguse, Caraibe, Georgierin, Otahete [Tahitianer], Äthiopierin (Blumenbach 1798: Tafel II). Dass keineswegs nur ‚wissenschaftliche' Aspekte in die Bewertungen einflossen, wird am Beispiel der Georgierin, welche die „Kaukasische Varietät" repräsentiert, deutlich: „*Diese Race erhielt ihren Namen von dem Berg Kaukasus, weil die ihm benachbarten Länder [...) von dem schönsten Menschenstamme, dem georgischen bewohnt sind, und weil alle physiologischen Gründe darin zusammen kommen, dass man hier das Vaterland der ersten Menschen, nirgends anderswo suchen könne, denn hier. Denn erstlich hat dieser Stamm [..] die schönste Schädelform, aus welcher die übrigen [..] bis zu den zwei äußersten Extremen (der mongolischen auf einer Seite und der äthiopischen auf der anderen) durch ganz einfach stufenweise Abstufungen entsprungen sind.*" (S. 213–214). Als wichtigsten Zeugen für die ästhetische Bewertung zitiert Blumenbach aus Jean Chardin (1643–1713) Reisen nach Persien. – Die abgebildeten Schädel befinden sich heute als Elemente der Blumenbach-Sammlung im Zentrum Anatomie der Universitätsmedizin Göttingen

der Weichgewebe (wie nach Mumifizierung, häufig unter Verwendung von Wachs) waren barockzeitlich und bis ins 19. Jahrhundert verbreitet. Weichgewebe werden heute überwiegend in Fixierlösung oder in ihren Anteilen als Korrosionspräparat aufbewahrt. Die Einbettungstechnik von Gewebeproben in schneidbare Medien kam erst Ende des 19. Jahrhunderts auf.

Historische Präparate von Krankheitsbildern vermitteln häufig einerseits die Erscheinungsformen weitestgehend erfolgreich bekämpfter Erkrankungen oder von Fehlbildungen (Abb. 4.3, 4.4), deren Kenntnis wegen ihrer heutigen Seltenheit aber im diagnostischen Bewusstsein gehalten werden muss. Andererseits bieten sich die Präparate heute vor allem für invasive analytische Untersuchungen an und im Hinblick auf Zeitschnitt-orientierte Fragestellungen. Etwa für den Vergleich von umweltbedingten Hintergrundbelastungen vor und im Verlauf

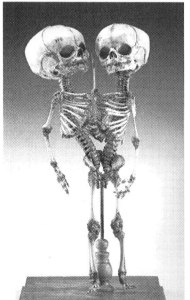

**Abb. 4.3** *Dicephalus tribrachius dipus.* Beschrieben 1815 von J.F. Meckel d.J, aus der Sammlung von J.F.Meckel d.Ä. Skelett und Haut (Integument) einer doppelköpfigen dreiarmigen und zweibeinigen menschlichen Fehlbildung. Doppelt ist auch die Wirbelsäule. Der dritte Arm, der nach hinten zeigt, ist verstümmelt. Die unteren Extremitäten sind normgerecht entwickelt. Ein derartiges Doppelindividuum ist lebensfähig. Trockenpräräte der Haut waren barockzeitlich verbreitet. (aus: Schultka 2016)

der Industrialisierung. Insbesondere nach der Erfindung der PCR-Technologie ist die Aufklärung zahlreicher infektiöser und organischer Erkrankungen durch den Einsatz von aDNA-Technologien vorangetrieben worden (Hummel 2003). Es existieren für diese Technologie geeignete Untersuchungsroutinen sowohl für eingebettete Gewebeproben, für Feuchtpräparate (in alkoholischen Fixiermitteln, Abb. 4.4), als auch für Trockenpräparate des Skelettapparates.

Infolge der Fortschritte der Pharmazeutischen Wissenschaft sind knochenaffine Infektionskrankheiten (Abb. 4.5) stark zurückgedrängt worden, gleiches gilt für Mangelkrankheiten wie etwa Rachitis (Abb. 4.6). Orthopädische Therapien haben die Häufigkeiten skelettärer Deformationen, die in anatomischen Sammlungen prominent vertreten sind (Abb. 4.7), ganz erheblich reduziert und Strahlentherapien konnten helfen, die Spätfolgen von Knochengeschwülsten zu reduzieren.

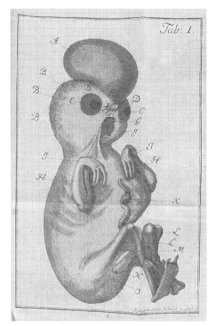 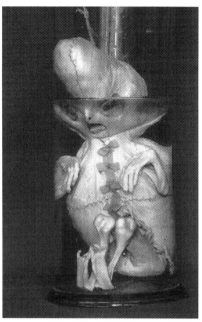

**Abb. 4.4** *„Monstrum humanum rarissimum"*. Re: Feuchtpräparat (Alkohol) im Naturalien-kabinett der Fürsten Schönburg-Waldenburg (heute Museum-Naturalienkabinett Waldenburg, Sachsen). Li: Historische Darstellung des Präparates (Friderici 1737: Tafel 1). Das Präparat ist eine 1735 erfolgte Totgeburt nach „3/4" der Schwangerschaft einer 28jährigen Frau von „niedrigem Wuchs, zierlicher Gestalt und cholerisch-melancholischem Temperament", die bis dahin „drei männliche Kinder frei von Gebrechen" geboren hatte. Die Ursache der multi-plen Fehlbildung blieb beim damaligen Wissensstand zwangsläufig verborgen. Das Präparat wurde zu Schauzwecken in barocker Manier nach der Obduktion sorgfältig mit Zierschleifen verschlossen und in Alkohol eingelegt. Es gelangte in den Besitz der Witwe des Leipziger Apothekers Johann Heinrich Linck (1674–1734), dessen bekanntes Naturalienkabinett 1840 nach Waldenburg verkauft wurde. Eine Hybridisierung gesamtgenomischer DNA aus der Nabelschnur des Feten mit einer Referenz-DNA (CGH; Hummel et al. 1999) erbrachte den Befund einer teilweisen Deletion des Chromosoms 17, die an diesem Syndrom beteiligt ist. (Bildrechte re: Dr. Dietmar Müller, Chemnitz, 1992).

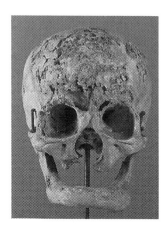

**Abb. 4.5** Endstadium einer unbehandelten bzw. inadäquat behandelten Syphilis (Quartärstadium) aus der Zeit vor der Antibiotika-Therapie. Derartige Krankheitsstadien bzw. Ausprägungsformen treten bei adäquater Therapie heute nicht mehr auf. Als Präparat hat dieser Schädel deshalb eine bedeutende didaktische Funktion in der medizinischen Ausbildung. Temperierte Lagerung der Sammlungsobjekte vorausgesetzt, bestehen durchaus Aussichten, durch die (zerstörende) Entnahme von Proben, aus diesen die Erreger-DNA erfolgreich zu extrahieren. (Sammlung Historische Anthropologie, Universität Göttingen)

**Abb. 4.6** Historisches Präparat „Skelett eines 6jähr. Mädchens. Rachitis, mehrere Knochenbrüche (Oberschenkel, Rippen)", frühes 19. Jh. Der Begriff ‚Rachitis' wird zu dieser Zeit noch als allgemeiner Begriff für eine Osteopathie des Kindesalters verwendet, sowohl für den Vitamin-D-Mangel-induzierten Zustand als auch für genetisch bedingte Dysplasien. (Sammlung Historische Anthropologie, Universität Göttingen)

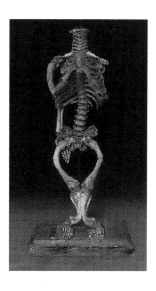

**Abb. 4.7** Rumpfskelett mit Schnürbrust, Skoliose und schräg verengtem Becken, 40 Jahre alte Frau. Historisches Etikett: *Scoliose Wirkung d. Schürbrust Schraegverengtes Becken 40ann. Meckel*" Philipp Meckel wandte sich gegen die „schädliche Gewohnheit, das Frauenzimmer in Schnürbrüste einzukerkern:" In den Wöchentlichen Hallensische Anzeigen XXXV 1780 schrieb er: „*Eltern, denen es um ihre Kinder, Männer, denen es um ihrer Frauen Gesundheit zu thun ist, zum Nutzen und Gefallen sehen mich als medicinischen Mitbürger genöthigt, gegen den allgemein eingeführten Misbrauch der Schnürbrüste Einiges öffentlich zu machen.*" (aus: Schultka 2016)

# Menschliche Überreste als Gegenstände und Werkstoffe künstlerischer Darstellungen und Objekte

Mit den Begriffen „Wollust und Grausamkeit" charakterisiert Reinhart Meyer-Kalkus (1986) Daniel Casper von Lohensteins (1635–1683) barocke Schauspiele, in denen dem Gott des Gemetzels gehuldigt und Mord und Totschlag und literweises Blutvergießen auf die Theaterbühne gebracht wird. Die Forschung ist unsicher, ob bei einigen Aufführungen die Handlung nur gespielt und nicht auch realistisch umgesetzt wurde. Es ist der Nachklang des verheerenden 30jährigen Krieges mit seiner allgegenwärtigen Präsenz des Todes in jeder denkbarer Form, visionär lange vorweggenommen von niederländischen Malern wie Hieronymus Bosch (~1450–1516) und Pieter Bruegel dem Älteren (~1525–1569), aber in ihrem grausamen Realismus die Realität fast noch übertreffend (Vincent 1638). Zum hilflosen Ausgeliefertsein gegenüber Söldnern und Mordbuben gesellte sich die Hilflosigkeit angesichts des krankheitsbedingten Sterben, vor allem durch die immer wieder aufflackernde Pest und belastete Lebensmittel (z. B. Ergotismus, Schimmelpilze). Das Barock überspielt mit seiner Prachtentfaltung auch die Toddurchdrungenheit der Epoche.

Eine Verbindung zwischen Kunst- und Wunderkammer und den Belegstücken des materiellen Todes hat der niederländische Anatom Frederik Ruysch (1638–1731) mit seinen meisterlichen Vanitas-Dioramen geschaffen, in denen vorzugsweise Skelette von Feten und Neonaten arrangiert wurden. Ein Teil seiner Sammlung befindet sich seit 1718 in der St. Petersburger Ermitage.

Die barockzeitliche Inszenierung anatomischer Feuchtpräparate, von szenischen Arrangements skelettierter Feten und Kleinkinder (vgl. Abb. 5.1, 5.2), von präparierten menschlichen Körperteilen und Organen, Injektionspräparaten von Hohlraumsystemen und Konkrementen, wie sie Frederik Ruysch in beispielloser Weise beherrschte, sind idealtypische Vergegenständlichungen dessen, was mit Walter Benjamin (1892–1940) unter der Allegorie als barocker Diskursformation,

B. Herrmann, *Menschliche Überreste in Sammlungen*, essentials,
https://doi.org/10.1007/978-3-662-64172-9_5

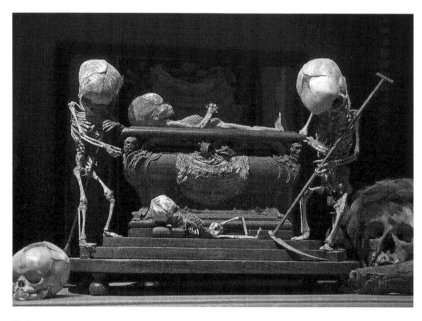

**Abb. 5.1** "Fetal Skeleton Tableau, 17th Century, University Backroom, Paris." Unbekannter Künstler, nachempfunden den Vanitas-Kompositionen von Frederik Ruysch (1638–1731). (Bildrechte: Joanna Ebenstein, Morbid Anatomy, New York)

hier der anatomisch-thanatologischen Strukturen, verstanden werden kann (vgl. Geisenhanslüke 2016).

Die Inszenierungen sind auch ästhetische Dramatisierungen des Schreckens, der Betrachter wird gleichermaßen beeindruckt wie verstört. Damit wird emotional auch der Bereich des ‚Sublimen‘, des ‚Erhabenen‘, betreten, von dem Edmund Burke (1729–1797) angesichts gewaltiger Naturschauspiele bzw. beeindruckender Naturobjekte sprach. Der Betrachter eines Arrangements von Ruysch fühlt sich irritiert, abgestoßen und ist doch fasziniert, es dominiert die schaurig-schöne Lust.

Man darf bei menschlichen Überresten, die in künstlerische Arrangements eingebunden oder Werkstoff eines kunstvoll ausgeführten Objektes sind, in eben diesem Zwiespalt zwischen der Faszination durch die psychologische Sublimierung des Sublimen und dem gleichzeitigen Aneignungsverlangen eines Sammlers nach dem Exotischen, nach der extremen Fremdartigkeit des Objektes allgemein das Motiv für das Sammeln und gegebenenfalls Ausstellen solcher Objekte annehmen. Bedient wird hier auch die elementare menschliche Angstlust beim

**Abb. 5.2** Aus Frederik Ruysch, Opera omnia ....(1737). "Hi ex variis corporis partibus desumpti, diversi sunt coloris, figurae, magnitudinis & substantiae." [Die (hier dargestellten Strukturen) wurden verschiedenen Körperteilen entnommen, sie sind unterschiedlich nach Farben, Formen, Größen und (hinsichtlich ihrer) Zusammensetzung]. Der Vogel rechts oben, ein Specht, ist eine emblematische Anspielung (Merces haec certa laborum, lat: Der sichere Lohn der Arbeit). (aus: https://s.gwdg.de/oyVi1s, Thesaurus anatomicus primus, Tabula I)

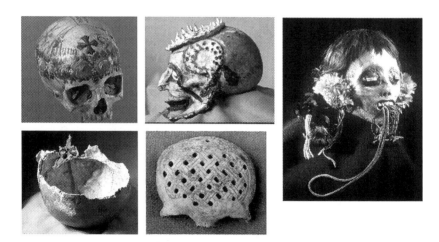

**Abb. 5.3** Obere Reihe von links: bemalter Schädel aus dem Karner von Hallstatt; übermodellierter Schädel von Neu Irland, kolonialzeitlich (ehem. Neu Mecklenburg, PG); Trophäenkopf Mundurucu 18./19.Jh. (Pará, BR); untere Reihe von links: eisenzeitlicher (6./5.Jh. BCE) Schädelbecher aus der Býčskála-Höhle (CZ); Pektorale aus einem Stirnbein, klassisch-mayazeitlich (300–900 CE), Coban (GT) (Abb. Mundurucu: SMB-SPK)

Betrachter und seiner Faszination durch das Morbide. Beide erfahren eine Brechung durch die künstlerische Gestaltung bzw. die Einbindung des Überrestes. Das eigentlich Bedrohliche wird künstlerisch gebannt. Dabei werden vom europäischen Betrachter die Umgestaltungen und Accessoires ethnologischer Objekte einer eher künstlerischen Inszenierung als dem orthodoxen Kanon seiner ethnisch-kulturellen Bedeutung zugerechnet.

Die barocke Lust am Schaurig-Schönen paart sich in Europa mit der seit dem Mittelalter praktizierten Didaxe des ‚Memento mori‘ und der ‚Vanitas‘. Sie erlebten im 15. Jh. einen Höhepunkt, der in seiner direkten Radikalität (Huizinga 1975: 190 ff.) den später eher spielerischen Umgang mit den Bildern des Todes im Barock übertrifft. Beispiele sind die aus menschlichen Skelettteilen geformten Reliefs und Skulpturen, etwa in Faro (Nossa Senhora do Carmo) und Évora (Capella dos Ossos), beide Portugal, in Santa Maria della Concezione dei Cappuccini (Rom), in Czermna (Szerzyny, PL), in der Kirche St. Ursula (Köln) oder in der Allerheiligenkirche in Sedlec (CZ) (Abb. 5.4). Die in der Michaelskapelle in Hallstatt (AT) bewahrten, mit Namen und Dekoren bemalten Schädel der verstorbenen Gemeindemitglieder sind damit faktisch Kunstobjekte, ohne als solche beabsichtigt zu sein (Abb. 5.3).

**Abb. 5.4** Vierung der Allerheiligenkirche in Sedlec. (Kutná Hora, CZ. Foto: © Štěpán Vodička, Kolin, CZ). Arrangement menschlicher Skelettteile aus der Deponie von bis zu 70.000 Skeletten, die seit den Pestwellen des 14.Jh. im zugehörigen Beinhaus gesammelt wurden. Die ursprüngliche barocke Gestaltung aus menschlichen Überresten, ein *memento mori* aus den Skelettelementen von bis zu 10.000 Individuen, wurde nach 1870 restauriert und um neue Skulpturen erweitert (z. B. mit dem Wappen der neuen Besitzerfamilie Schwarzenberg). Die spektakuläre Innendekoration zieht jährlich zahlreiche Touristen, u. a. Gothic-Fans, an. Wegen unwürdigen Benehmens der Besucher (v. a. geschmackswidrige Selfies) besteht seit 2020 Fotografierverbot in der Kirche

Dass Schädel verziert und so aufbewahrt oder weiter verwendet wurden, war in vielen Zeiten und Kulturen weltweit verbreitet (Wieczorek und Rosendahl 2011). Teile des Obergesichts wurden zu Zeremonialmasken verarbeitet, Hirnschädel zu Gefäßen und Schädelknochen zu Amuletten oder Prestigezeichen verarbeitet (Abb. 5.3). Solche Objekte stellen ihres Schauwertes wegen eine große Zahl menschlicher Überreste in Museen und Sammlungen.

Elemente des postcranialen Skeletts sind dagegen seltener als Schauobjekte oder Werkstoffe vertreten. Sie treten dagegen häufiger als Reliquien im klerikalen Umfeld auf. Oft haben sie eine Größe von nur wenigen Millimetern. Eine Speziesbestimmung mit histologischer oder biochemischer Beprobung würde dann zum völligen Verlust des Bruchstücks führen. Deshalb ist bei derart kleinen Reliquien die menschliche Herkunft unsicher, sofern eine Lupenbetrachtung nicht Gewissheit schaffen kann. Als Reliquien werden sie zumeist in kostbaren Schaukästen, Schreinen oder vasenartigen Reliquiaren aufbewahrt. Diese sind dann als kunsthandwerklich bedeutende Gefäße der eigentliche Ausstellungsgegenstand, wie auch bei vielen ausgestellten Mumien, die wegen ihrer kunstfertigen Behältnisse oder Umhüllungen den Betrachter anziehen und den Blick auf die menschlichen Überreste selten ermöglichen.

# Menschliche Überreste in Archäologischen und Ethnologischen Sammlungen

*Nicht die Dinge selbst beunruhigen die Menschen,*
*sondern die Meinungen und die Urteile über die Dinge.*

*Epiktet (50–138 CE; Handbuch der Moral)*

Die größte Zahl menschlicher Überreste[1] in Sammlungen und Archiven liegt in Form von Skeletten und Mumien vor, also in zwei klassischen Zustandsformen ‚später Leichenerscheinungen' (s.str. Thanatologie). Hinzu kommt eine Vielzahl von Überresten vor- und frühgeschichtlich feuerbestatteter Leichname, sogenannter Leichenbrand. Die Überreste in ethnologischen Sammlungen konzentrieren sich zumeist auf dekorierte Schädel oder mumifizierte Köpfe und auf Mumien. Isolierte Überreste des postcranialen Skeletts sind dort selten.

Die anthropologische Begutachtung und Bearbeitung auch dieser Überrestgruppe ist grundsätzlich umfassend in leicht erreichbarer Literatur beschrieben (Herrmann et al. 1990; Herrmann und Meyer 1993; Aufderheide 2003; Herrmann und Saternus 2007; Grupe et al. 2015; Herrmann 2015; Larsen 2015; Herrmann 2021; sämtlich mit ausführlichen weiterführenden Hinweisen). Die Ergänzung durch rechtsmedizinische Literatur, z. B. Burkhard Madea (2015), ist dabei im Hinblick auf die vielgestaltig möglichen Manipulationsspuren zwingend. Der diagnostischen Bewertung von Skeletten, Mumien und Leichenbränden wird hier mit dem Rückverweis auf diese Literaturgruppe kein weiterer Raum gegeben.

---

[1] Tatsächlich liegt die absolut größte Zahl menschlicher Überreste in Sammlungen und Archiven weltweit in Form von Gewebeproben und Flüssigkeiten in Gewebebanken und klinischen Einrichtungen vor. Sie dienen ausschließlich der Forschung und Diagnostik, sind einer Öffentlichkeit nicht zugänglich und bleiben hier unberücksichtigt.

B. Herrmann, *Menschliche Überreste in Sammlungen*, essentials,
https://doi.org/10.1007/978-3-662-64172-9_6

Archäologisch akquirierte Überreste werden in erster Linie bei Sicherungsarbeiten der Bau- bzw. Bodendenkmalpflege erfasst. Das betrifft Skelette und Mumien aus Gruftbestattungen ebenso wie in Erdbestattungen aufgefundene Skelette und Leichenbrände.

Die Archivierung resp. Magazinierung von Überresten hatte lange vor den „Empfehlungen zum Umgang mit menschlichen Überresten in Museen und Sammlungen" (2013) zu Überlegungen geführt, wie den profanen Magazinen anthropologischer Einrichtungen jenseits ihrer wissenschaftlichen Ernsthaftigkeit eine zumindest symbolische Würde zu geben wäre. Die Überlegungen von Dirk Preuß (2007) boten hierfür auch eine gewisse Orientierungshilfe. Man hat verständnisvolle Geistliche beider christlicher Konfessionen gewonnen, die mit einer Segnung die Magazine weihten, diese gewissermaßen spirituell zu ‚Friedhöfen' erhoben. Bewertete man dies auch als Rückfall in voraufklärerische Positionen, müsste man zumindest einräumen, dass nicht alle Menschen einen aufgeklärten, materialistischen Standpunkt teilen und die Wissenschaft nicht außerhalb der Gesellschaft steht. Allerdings wirft eine ökumenische Handlung das Problem auf, das sie Angehörige nichtchristlicher Religionen und Weltanschauungen, die sich sehr wahrscheinlich auch in den Magazinbeständen befinden, ohne deren Zustimmung vereinnahmen. Deshalb haben Überlegungen nach wie vor ihre Berechtigung, wissenschaftliche Magazine mit einer weltanschaulich neutralen ethischen Handlung bzw. einer in der täglichen Arbeit ausgeübten Haltung zu einem Raum permanenter ‚besonderer Sittlichkeit' zu erheben. Dabei müssen Wege gefunden werden, die Anschauungen aller Religionen oder Überzeugungssysteme berücksichtigen.

Deutlich pragmatischer als es die „Überlegungen" auf die praktischen Probleme akademischer Institutionen bezogen sind, nimmt eine Handreichung der Dresdener Hochschule für Bildende Künste (Mühlenberend et al. 2018) zum Fragenkomplex Stellung.

Unabhängig davon bleibt die Frage unausweichlich, warum es zu einer Ausstellung eines Skeletts, einer Mumie oder eines Leichenbrandes kommt? Es wird vielfältig beklagt, dass in modernen westlichen Gesellschaften Sterben und Tod verdrängt würden und eine Grundhaltung ähnlich der ‚ars moriendi' verlernt worden wäre. Verfolgt eine Ausstellung also das Ziel, in unmittelbarer oder beiläufiger Form heutigen Menschen eine Facette des Lebens nahe zu bringen, die wie eine Geburt zu diesem gehört? Der Überrest erfüllte damit gleichsam eine didaktische Grundfunktion, in dem er an die zeitliche Begrenztheit unserer Existenz erinnerte?

Es ist wohl nicht bestreitbar, dass ein menschlicher Überrest außerhalb einer naturwissenschaftlich-medizinischen Sammlung seine rationale, aufgeklärtmaterialistische Bedeutung ‚als bloße Sache' verliert. Wenn von archäologischen und ethnologischen Sammlungen Überreste ausgestellt werden, um den Betrachter an eine andersartige Bedeutungswelt als seine eigene lebensweltliche Wirklichkeit heranzuführen, dann wird dem Überrest eine semantische, eine subtextliche, eine metaphorische Bedeutung jenseits seiner Eigenschaft als bloßer Gegenstand zugeordnet. Der Schädel ist dann nicht mehr nur ein Schädel, sondern er wird zum Symbol. Denn während Gegenstände früherer oder fremder Kulturen ihren Platz ausschließlich in diesen haben und letztlich nur innerhalb dieser Kulturen verstanden werden, ist ein Skelett (oder welcher konkrete Teil davon) immer und in allen Kulturen ein Skelett und eine Todeschiffre. Es geht also bei der Ausstellung menschlicher Überreste um eine Emotionalisierung des Betrachters, um das Abrufen anthropologisch konstanter Vorstellungen. Denn ginge es um Aufklärung, würde wohl eine Abbildung ausreichend sein (Neurath 2018). Selbst ein thematisch ausgerichtetes Museum wie das Kasseler Museum für Sepulkralkultur verzichtet auf die Ausstellung menschlicher Überreste in der Dauerausstellung. Der dort präsentierte Hallstatt-Schädel steht nicht um seiner Schädelqualität Willen in der Ausstellung, sondern als ein kunstgewerblich ausgefertigtes Memento-mori-Symbol in der Tradition der spätmittelalterlichen und barocken Vanitas-Darstellungen.

Menschliche Überreste in Ethnologischen Museen verdanken sich häufig auch „rassekundlichen" Aktivitäten vor allem des 18. und 19. Jahrhunderts (Hund 2009). Sie werden heute zumeist als Objekte präsentiert, die in bestimmte Funktionen in Überzeugungssystemen und quasi-religiösen Kontexten fremder Kulturen eingebettet sind bzw. verwendet werden. Diese Einrichtungen bemühen sich damit im Idealfall um die Vermittlung eines spirituellen Teils der jeweils betreffenden Kulturen. Aber auch hier stand / steht oftmals die exotische Kunstfertigkeit des Exponates im Vordergrund (vgl. Anhang zu Kap. 1).

Die Haltung der „Empfehlungen" (S. 10–11) erreicht jedoch eine diskussionswürdige Position, wenn es um das Ausstellen von Homizidopfern früherer oder außereuropäischer Kulturen geht. Hier berufen sich die Überlegungen etwa am Beispiel der Dayak (Borneo) und weiterer nicht genannter indigener Gruppen auf deren ehrenden und respektvollen Umgang mit den Überresten, zu dem auch das Vorzeigen des Überrests selbst gehöre. Archäologen rechtfertigen mit demselben Hinweis die Präsentation von Schädelopfern in Publikumsausstellungen, in dem sie auf nachgewiesenen Brauch in eben diesen prähistorischen Kulturen hinweisen. Die Verantwortung für die nach heutiger Ethik zumindest umstrittene Ausstellung wird damit zurückverlagert in jene Kultur, deren Produkt das Opfer war. Dass es sich um eine zweifelhafte Rechtfertigung handelt, wird allein schon daran offensichtlich, dass andere Verhaltensweisen jener Kulturen nicht nach hier übernommen werden, ggfls. sogar vehement abgelehnt werden (z. B. Blutrache).

Sucht man jenseits vom Sensationswert, so könnte ein möglicher Ausstellungs-grund von archäologisch geborgenen Homizidopfern darin gesehen werden, dass dem Publikum zugleich mit den ausgestellten Opfern der ‚kulturelle‘ Fortschritt des Geschichtsverlaufs vermittelt werden solle. Das wäre dann der Rückgriff der Ausstellungsmacher auf eine Geschichtsphilosophie, die auf die „Teleologie in moralischer Absicht" Immanuel Kants (und seiner Nachfolger) zurückgreift. Sie stellt die Frage, „ob die menschliche Gattung in beständigem Fortgang zum Bes-seren sei" (Kittsteiner 1997: 8)? Diese Begründungsvariante intellektualisiert den Vorgang in einer zweifelhaften Weise, wonach ein Sammler (i.e. ein Archäologe) in der Regel nur zu gern ganz banal seine Objekte herzeigen möchte. Tatsächlich versagt die Idee des ‚Fortgangs zum Besseren‘ angesichts des anhaltenden Übels in der Welt. Zumindest sind grundsätzlich massive Zweifel an einem vermuteten oder sogar diagnostizierten moralischen Inkrementalismus angebracht und im hier behandelten Beispiel zutiefst berechtigt.

## I

Skelette eines Gräberfeldes oder Friedhofs werden als allgemein serielles oder als kontextuelles Quellenmaterial in Stadtarchiven, Landesmuseen oder universitären Sammlungen archiviert und sind der Forschung zugänglich. Zunehmend verblei-ben derartige Bodendenkmäler in der Erde, weniger aus Pietätserwägungen als aus mangelnder Notwendigkeit zu ihrer Sicherung sowie aus Kostengründen, sofern nicht große Bauvorhaben mit extensiven Massenbewegungen eine begleitende archäologische Sicherung erforderlich machen.

Der Bodenfund einzelner Skelette bedarf in der Regel der Abklärung, ob der Verdacht auf ein kriminelles Geschehen besteht oder ob ein Sachüberrest im Sinne der historischen Quellenkunde (von Brandt 2007) vorliegt. Archäologische For-schungsarbeiten an Nekropolen außerhalb Deutschlands erhöhen den Bestand in Deutschen Sammlungen und Archiven nur noch temporär oder in Form von Proben, weil die menschlichen Überreste in aller Regel heute im Herkunftsland verbleiben bzw. zurückgeführt werden.

Archäologische Skelettfunde treten museal allermeist nur zu zwei Präsentati-onsanlässen auf. Einmal sind sie scheinbare Mittelpunkte der Ausstellung einer Grabanlage. Tatsächlich sind die Beigaben als Überreste der materiellen Kultur die eigentlichen Objekte der Aufmerksamkeit. Besonders deutlich wird dies bei zuneh-mendem materiellen Reichtum einer Grabausstattung (sogen. Prunkgräber; Steuer 2006). Das Skelett ist in solchen Fällen Staffage der Ausstellung.

In der anderen Präsentationsform treten Skelette dann als Mittelpunkte einer Ausstellung, eines Dioramas oder einer Schauvitrine auf, wenn sie als materielle Zeugen für Krankheitsformen bzw. von Gewalteinwirkung in der Vergangenheit inszeniert werden. Für eine solche Präsentation ergibt sich beim Betrachter ein möglicher Erkenntnisgewinn und eine mögliche Dankbarkeit über den zwischenzeitlich erzielten medizinischen und kulturellen Fortschritt.

Über die wirklichen Motive zur Ausstellung spektakulärer archäologischer Belege für Homizide kann man nur spekulieren (eine ausschnitthafte Übersicht über einschlägige Funde bei Meller und Schefzik 2015). Im Zusammenhang mit der Sonderausstellung des Landesmuseums Halle 2015 wurde ein 3,2 × 4,5 m großes Massengrab mit 47 Skeletten von in der Schlacht 1632 bei Lützen Gefallenen ausgestellt (Abb. 6.1). Was als „Leben, Leiden und Sterben der 47 Individuen im Massengrab von Lützen" kontextualisiert wurde und „es zu einem prägnanten und aufwühlenden Antikriegsdenkmal" machen würde, muss man wohl in Wahrheit als Selbstfeier einer Schlachtfeldarchäologie und einer hoch entwickelten Restaurierungstechnik einordnen, die das en-bloc-geborgene Massengrab spektakulär als senkrechtes Relief inszenierte. Offenbar erlaubt allein zeitlicher Abstand die Ausstellung von „Leben, Leiden und Sterben",[2] denn es erscheint doch wohl undenkbar, Massengräber etwa des Ersten oder Zweiten Weltkriegs in ähnlicher Weise zu präsentieren. Verschwiegen wird dem Betrachter außerdem, dass zur zeitgenössischen Schlachtenpraxis gehörte, dass Verletzte oft tagelang verwundet auf dem Schlachtfeld lagen. Sie wurden dann, je nach Schwere und Prognose ihrer Verwundung, erschlagen (gekeult).

Im Falle der Ausstellung z. B. des steinzeitlichen Massenhomizids von Thalheim (Wahl und Strien 2007) wird das Motiv unverhohlen offenbart: hier wird das Entsetzen sensationalisiert. Schüler sollten u. a. lernen, Tathergänge zu rekonstruieren. Wie die überzeitlichen Themen von Schuld und Sühne, Elend und Barmherzigkeit zu lehren und verarbeiten wären, wurde den Ausstellungsbesuchern nicht vermittelt. Wieder bietet sich eine vergleichende Überlegung an, ob man den Opfern und Nachgeborenen von Massenhomiziden der jüngeren Vergangenheit oder Gegenwart eine vergleichbare Inszenierung zumuten würde? Dabei muss man nicht einmal in den Größenordnungen der Homizide von Babyn Jar oder von Katyn oder des Balkankrieges denken. Es gäbe ausreichend terroristische Attentate in jüngster Geschichte.

Auch die gelegentliche Sonderausstellungen zum Thema Pompeji stellen keine Bildungsereignisse dar, sondern sind partielle Präsentationen des Grauens. In ihnen finden sich regelmäßig die Ausgüsse von Hohlräumen, die in der verfestigten Vulkanasche aufgefunden werden. Diese Ausgüsse enthalten auch Skelette der Opfer.

---

[2] Tatsächlich ist auch der deutsche Museumsbund der Auffassung, dass die Aufhebung von Totenruhe und Ahnenkult nach – angeblich – erlöschender Erinnerung gerechtfertigt ist (Empfehlungen S. 10–11). Diese Auffassung ist lediglich pragmatisch, enthält aber keine ethische Aussage und bedient sich derselben Rechtslogik wie vSelle und vSelle 2012.

**Abb. 6.1**  Massengrab für Opfer der Schlacht von Lützen 1632. En-bloc-Bergung mit Skeletten von 47 Individuen, ausgestellt 2015/2016 in der Sonderausstellung des Landesmuseums Halle (Foto: Hendrik Schmidt/pa-picture alliance; aus: Bauwelt 21/2017: 20; https://s.gwdg. de/MigndV). Laut Begleittext des Museums ermögliche das Relief „Einblicke in das Schicksal der Toten". Die sind anfänglich wohlgeordnet ins Grab gelegt worden. Vor der vollständigen Bedeckung der Schlachtfeldopfer mit Aushub wurden noch einige Tote in die Grube geworfen. – Nach allem, was wir wissen, nimmt ein Toter an seinem postmortalen Zustand keinen Anteil. Was also meint „das Schicksal der Toten"? Die Betroffenheit der Nachgeborenen? Wer mit seiner Rechtfertigungsrhetorik bis auf diese Empathieebene vordringt, sollte auch ein Gespür dafür haben, dass er hier vor 47 Schlachtfeldopfern steht, die, bis auf die Knochen entblößt, in größter intimer Privatheit den voyeuristischen Augen der Ausstellungsbesucher Preis gegeben werden. – Sofern man diese Gedanken zurückweist, entfällt auch die Erhebung der Ausstellung des Massengrabes zu einem Anti-Kriegsdenkmal, die ja auf eine vergleichbare Empathieebene abhebt

Es sind, gleichsam wie eingefroren, die letzten Augenblick ihres Lebens. Man stellt hier simultan zwei grauenhafte Ereignisse dar. Einmal das Extremereignis eines Vulkanausbruchs und zum anderen die Sozialkatastrophe des Massensterbens mit dem Untergang einer blühenden Stadt. Die Präsentation realer Opfer ist der Schlüsselreiz für das beabsichtigte Abrufen von Erschütterung und Entsetzen beim Ausstellungsbesucher. Pompejiausstellungen[3] mit menschlichen Opfern stehen damit, ebenso wie museale Inszenierungen von Homizidopfer-Kollektiven, in der Tradition von Jahrmarktsattraktionen (vgl. auch z. B. Scheugel 1974). Vergleichbar der Darstellung des Untergangs der Stadt Johnstown 1889 (Pennsylvania). Nach einem Dammbruch zerstörte dessen Flutwelle die Stadt (Johnstown Flood National Memorial https://www.nps.gov/jofl/index.htm), wobei 2.209 Menschen um das Leben kamen. In den Jahrmarktsdarstellungen wurden Stadtmodelle von Johnstown gezeigt und diese jeweils mit richtigen Wassermassen zerstört (Herrmann 2010).

Jahrmarktsattraktionen des Horror-Genres kommerzialisieren persönliche wie soziale Katastrophen. Sie funktionieren nach dem Prinzip der bösen Freude, des sich am Unglück anderer Weidens. Sie provozieren moralisches Fehlverhalten, indem sie dem Entsetzen eine Unterhaltungswert zuschreiben und auf diesen abzielen. Lockten ehedem nicht öffentliche Hinrichtungen auch mehr Schaulustige als Mitleidige an? Der Internationale Museumsrat (ICOM) definiert die Aufgabe der Museen seit 2007 verbindlich mit „*à des fins d'études, d'éducation et de délectation*" (https://s.gwdg.de/ZD50mQ). Während die englischsprachige Definition das französische „délectation" naheliegend mit „Vergnügen" übersetzt [„*the purposes of education, study and enjoyment*" (https://s.gwdg.de/qPeEMD)], wählt die deutsche Übersetzung das Wort „Genuss" (https://s.gwdg.de/NRbSWP). Ein durchschnittlicher Museumsbesucher kann ein Homizidopfer als Zeugnis historischen Geschehens und damit als Bildungselement aufnehmen, dürfte jedoch kaum für die wissenschaftliche Seite dieser Gewalttaten und Opfer qualifiziert sein. Mit Blickrichtung auf ausgestellte Homizidopfer wären sowohl ‚Vergnügen' als auch ‚Genuss' völlig inadäquate Absichten eines Vermittlungsaspekts. Aber dieser bedient – unumgänglich – *auch* den fatalen Mechanismus der Jahrmarktsattraktion.

## II

Eine zweite Kategorie von Überresten stellen „Mumien" dar, die nach heutigem Verständnis, entgegen ihrem etymologischen und rezeptionsgeschichtlichen Hintergrund, *alle* Formen des Weichteilerhalts Verstorbener umfassen (Wieczorek et al. 2007). Das gilt auch für den Teilerhalt von Weichteilen, etwa bei Trophäenköpfen. Eine *beabsichtigte* Mumifikation ist danach nicht erforderlich. Damit erreichen nur wenige Teilmengen der Kategorie ‚Mumie' den Status berechtigter Allgemeinaussagen. Viele Objekte stehen für sich allein und verharren einstweilen im Status der ‚Anekdotenforschung'.

---

[3] Als Beispiel: „Pompeji. Die Stunden des Untergangs. 24.August 79 n.Chr." Reiss-Engelhorn-Museum Mannheim 28. November 2004 bis 17. April 2005. (Guzzo und Wieczorek 2004).

Auch religiöse Reliquien können mumifizierte Überreste in Sammlungsbeständen repräsentieren, obwohl solche aus dem Skelett (*ex ossibus*) als „Reliquien erster Klasse" zahlenmäßig überwiegen. Man kann europäische Kirchen fraglos den Forschungsgegenständen der Europäischen Ethnologie / Kulturanthropologie zurechnen, und damit der Kategorie der Ethnologischen Museen. Das Museum für Kunst und Geschichte Freiburg im Breisgau stellt in seiner Dauerausstellung eine Vitrine mit der Ganzkörperreliquie des Heiligen Felix aus. Er kam mit seinen Mitheiligen Eusebius und Prosper in den 1960er Jahren aus der Pfarrkirche Tafers ins Museum. Derselbe Heilige wird auch im Kloster Sedlec (CZ) ebenfalls als Ganzkörperreliquie ausgestellt. Der Reliquienkult der Katholischen Kirche nimmt keinen Anstoß an derartigen Präsentationen. Vielmehr erfüllen sie eine Art Dienstleistung für Gläubige, bei überregionalem Attraktionswert haben sie auch wirtschaftliche Bedeutung.

Dem langen Weg, den „der Prozess der Zivilisation" (Norbert Elias) genommen hat, verdankt sich eine Zunahme der Sensibilität, sodass in den letzten Dezennien von der unmittelbaren Präsentation mumifizierter oder bandagierter Körper in musealen Dauerausstellungen zunehmend Abstand genommen wurde. Die Präsentation von Mumienbündeln (z. B. Südamerika) erfolgt ebenfalls mit steigender Zurückhaltung. Würden aber Ägyptologische Museen auf die Präsentation von Mumien, die in der Außenwahrnehmung einen erheblichen Teil der Anziehungskraft Ägyptologischer Sammlungen ausmachen, verzichten?

Das Problem ist vergleichbar der Präsentation der im nördlichen Mitteleuropa vorkommenden Moorleichen (z. B. Gebühr 2002). Oftmals handelt es sich um die Zeugnisse eines Homizid, die von der Archäologie mit Erzählungen apotropäischen oder kultischen Inhalts ausgestattet werden. Die geschmackswidrige Ausstellungen der Moorleichen, teilweise im Stil barocker Stopfpräparate, garantiert einzelnen musealen Einrichtungen eine gewisse Publikumswirksamkeit. Dabei gibt es für Laien aus der bloßen Betrachtung einer Moorleiche kaum etwas zu lernen. Es sind wiederum die archäologischen Erzählungen über die Leichenreste von im Moor Versunkenen, allermeist von im Moor Versenkten. Die Erzählungen schaffen Szenarien über von dritter Hand Getötete, über Ritualmorde, Strafopfer oder Exekutionen, und besitzen einen derartigen Attraktionswert, dass Busfahrten zum Besuch dieser Ausstellungen organisiert werden.

Einen noch höheren Attraktionswert besitzt die Mumie eines bedauernswerten steinzeitlichen Opfers einer Gewalttat in den Ötztaler Alpen („Ötzi", https://s.gwdg. de/8Wv0hG). Sie verschafft dem Südtiroler Archäologiemuseum in Bozen jährlich astronomisch hohe Besucherzahlen. Warum kommen jährlich Hunderttausende von Besuchern, um durch ein wenig mehr als DIN A4-Blatt großes Fenster einen kurzen Blick auf die Mumie in der Kühlkammer zu werfen? Der Vermarktungstext des

Museums setzt sich über jegliche Empathie mit einem Homizidopfer hinweg (https:// s.gwdg.de/GwaQhg). Ähnlich hohe Besucherzahlen wie der Steinzeitmensch vom Hauslabjoch haben sonst nur die einbalsamierten Körper von Lenin und Mao in ihren Mausoleen, die eintrittsfrei besichtigt werden können.

Mumifizierte Tote als Ergebnis einer ‚natürlichen' Mumifikation (d.i. ohne konservierende oder den Erhalt unterstützende Maßnahmen) werden in Mitteleuropa bei Restaurierungen von Särgen oder Instandsetzungsarbeiten von Grüften häufiger aufgefunden. Sie werden in der Regel nach Restaurierung der Grablege wieder in den Sarg gelegt oder an anderer Stelle bestattet.

Mittelalterliche Bestattungen, die bei Auffindung im Feuchtmilieu angetroffen wurden, können ebenfalls feuchtkonservierte Mumien enthalten (z. B. Grupe et al. 1985). Ihnen wurden u. a. konservierte Hirnreste entnommen, die sich auch in manchen Schädeln erdbestatteter Menschen finden, selbst in den Schädeln von Opfern des Vesuvausbruchs von 79 CE. Es ist zu bezweifeln, dass die Untersuchung derartiger Überreste Beiträge zur aktuellen Hirnforschung liefern können.

Ein einzigartiges wissenschaftshistorisches und kulturgeschichtliches Dokument ist als mumifizierter Finger im Wissenschaftshistorischen Museo Galileo in Florenz ausgestellt, der den Überresten Galileo Galileis (1564–1641/42) im Jahre 1737 entnommen wurde (Abb. 6.2). Laut Museumskatalog wurde der Finger anlässlich der Überführung der Überreste Galileis nach der Basilika S. Croce in Florenz abgesetzt. Er gelangte schließlich 1927 in das Museum für Wissenschaftsgeschichte. Es handelt sich um eine profane Reliquie. Der Finger könnte auch als Inszenierung einer zeitübergreifenden postumen Ermahnung Galileo Galileis an die Lebenden begriffen werden. Vielleicht einer der seltenen, wenn auch bizarren Rechtfertigungsgründe für das Ausstellen von Mumien oder ihrer Teile?

## III

Leichenbrand besteht aus den bei der Verbrennung geborstenen und unter der Liegezeit und durch Bergungsarbeiten weiter fragmentierten, nicht brennbaren Skelettteilen. In Mitteleuropa war die Leichenverbrennung von der Bronzezeit bis zur Kaiserzeit die vorherrschende Bestattungsform. Sie war zeitlich und regional fast weltweit verbreitet. Gelegentlich wird archäologisch geborgener Leichenbrand als Urneninhalt in Ausstellungen gezeigt (Abb. 6.3).

Durch die Feuereinwirkung ist das Knochenmineral verändert und widersteht der Dekomposition besser als unbehandelte Knochen. Die Fragmente verbrannter Knochen haben infolge der thermisch bedingten Sinterung des Knochenminerals einen hellen, fast metallischen Klang. Mineralogische Prüfung des Knochenminerals erlaubt Aussagen über die Verbrennungstechnik (Carroll und Squires 2020), wie auch die unterschiedlichen kohlenstoffbedingten Verfärbungen Hinweise geben.

**Abb. 6.2**  Mumifizierter Finger der rechten Hand Galileo Galileis (Museo Galileo, Firenze. Foto di Franca Principe). https://s.gwdg.de/DNgwoV. Sockelaufschrift: *Lasse nicht unbeachtet die Überreste des Fingers, mit welchem die Rechte, die die Wege des Himmels gemessen hatte, auf die von den Sterblichen nie gesehenen Himmelsbahnen zeigte. Sie wagte als erste mühelos mit Hilfe des zerbrechlichen Glases die Tat, welcher die Jugendkraft der Titanen einst nicht gewachsen war, als diese die hohen Berge aufhäuften und vergeblich suchten, in die Himmelshöhen zu steigen* (Übers. des Lateinischen: Fricke 2009: 82–83)[4]

---

[4] Während der Betrachter intuitiv einen *Zeigefinger* vermutet, führt das Museum in seinem Katalog das Exponat als *Mittelfinger.* Da Daumen und Zeigefinger der rechten Hand Galileis als Teil der Sammlung Bruschi erhalten sind, ist die anatomische Ansprache als Mittelfinger gesichert. Das Faktum scheint im Hinblick auf die seit der Antike belegten Semantisierung des Mittelfingers als „digitus impudicus" (unzüchtiger Finger, Nelson 2017) überraschend. Beate Fricke (2009) lehnt die Bedeutung einer verdeckten Schmähung entschieden ab, indem sie darauf verweist, dass „der Mittelfinger für Jupiter [stand]; in den Handbüchern der Mnemotechnik und Chiromantik war diese Zuordnung bereits seit der Spätantike weit verbreitet und gelehrten Spezialisten gut bekannt. Der Finger als Denkbild verweist auf die Entdeckung der Jupitermonde, ebenso wie die Linse aus dem [mit ausgestellten] Fernrohr." (S. 90) Fricke erinnert im Zusammenhang mit Galileis Mittelfinger an Walter Benjamins „Denkbild" (S. 93).

**Abb. 6.3** Leichenbrand aus römerzeitlicher Glasamphore, Andernach (MYK). Übersichtsbild, Maßstab: 6 cm

Das in der Literatur gelegentlich als „Knochenklein" bezeichnete Erscheinungsbild ist eigentlich dazu angetan, den Betrachter von der Unmittelbarkeit eines Toten zu distanzieren. Die Ereignisse von Strafgerichten des Mittelalters und der Neuzeit und vor allem der Shoa schließen heute in Europa eine unbefangene Betrachtung eines ausgestellten Leichenbrandes aus, weil die assoziative Verbindung mit jenen Ereignissen eigentlich unausweichlich ist.

**IV**
Im Verlauf dieses Kapitels ist deutlich geworden, dass der Verfasser nicht nur Zweifel an der ethisch vertretbaren Präsentation menschlicher Überreste, d.i. zunächst Skelette, Skelettelemente oder Teile davon, in öffentlichen Ausstellungen hat, sondern sich auch gegen diese ausspricht. Die Bedenken betreffen dann auch andere Überlieferungsformen menschlicher Überreste.

---

Leider vermisst ein Betrachter in vielen Fällen musealer Ausstellung menschlicher Überreste das begleitende „Denkbild" als erkenntnistheoretisches Hilfsmittel zur Bewältigung seiner Konfrontation.

Die „Empfehlungen" des Deutschen Museumsbundes sind in dieser Hinsicht zurückhaltender, währen die Rechtsposition in der Handreichung der Hochschule für Bildende Künste Dresden zur öffentlichen Ausstellung eine eindeutige Aussage macht:

„… *Ist es (1) möglich, einen Körper oder einen Teil davon einer bestimmten Person zuzuordnen, ist (2) bekannt, dass diese Person nicht erklärt hat, sie wolle nach ihrem Tod seziert, zerlegt, verbraucht oder dauerhaft aufbewahrt werden und gibt es (3) keinen Ausnahmegrund vom Bestattungszwang, dann muss dieser Körper oder dieses Körperteil bestattet werden"* (Schmidt-Recla 2018:26).

Wie denn ein Ausnahmegrund für archäologische und ethnologische Objekte aussehen könnte, wird aus rechtspuristischer Sicht nicht näher erörtert.

Gängig ist der Verweis auf die in der spezifischen Kultur selbst geübte Praxis der öffentlichen Ausstellung oder des öffentlichen Vorzeigens in wiederkehrenden Zeremonien. Abgesehen davon, dass sich „Öffentlichkeit" heute und hierzulande von einer Öffentlichkeit in indigenen Expeditionsgebieten des 17., 18. oder 19. Jh. oder in prähistorischen Kulturen unterscheiden dürfte, schiebt ein solches Argument die ethische Verantwortung entgegen der bei uns heute geltenden Sittengesetze auf die Ursprungskultur zurück. So ist beispielsweise die zeremonielle Präsentation von Mumienbündeln in südamerikanischen Kulturen zu vorspanischen Zeiten in ihrer Intention ganz sicher von der dauerhaften Präsentation in europäischen Museen zu unterscheiden (Guaman Poma 1615, https://s.gwdg.de/qlk3u4; Begerock 2015).

Gängiges Argument für die Ausstellung eines Objektes ist auch das Alter der Stücke. Das Rechtsgut der Totenruhe ende zwar nicht mit dem Totenkult, sondern umfasse auch den Ahnenkult, aber offenbar nur insoweit dieser „als gelebte Praxis nachweisbar ist": *„Der „Würde der Menschheit" widerspräche es jedoch, ihren Schutz auf den Schutz einer mehr oder weniger eng befristeten „postmortalen Persönlichkeit" zu reduzieren. Es gibt keinen zureichenden Grund, Würdekonzeptionen von der Menschenwürdegarantie auszunehmen, die weniger auf der Individualität des Verstorbenen als etwa auf manistischen Vorstellungen, d. h. der Nähe und Verbundenheit der Lebenden mit ihren Ahnen beruhen. Plakativ: Die Totenwürde endet nicht mit dem Totenkult, sondern umfasst auch den Ahnenkult. An diesem Punkt ist indessen das juristische Fach verlassen und die Sachkunde der Ethnologen gefragt. Sie müssen beantworten, ob ein Ahnenkult noch als gelebte Praxis nachweisbar ist, die eine bestimmte Behandlung oder sogar die Repatriierung menschlicher Überreste in Museumsbesitz verlangt."* (vSelle und vSelle 2012:172).[5] Diese Auffassung ist eine pragmatische Kapitulation vor der Frage der Gültigkeit

---

[5] manistisch = auf den Ahnenkult, auf die Ahnenverehrung (Manismus) bezogen.

ethischen Handelns im Hinblick auf die Zeitläufte und steht in sichtbarem Kontrast zum ‚Immerwährenden-Gültigkeitsanspruch' der Menschenwürde.

Das Altersargument wird nicht nur im Hinblick auf die Liegezeit verwendet. Es wird auch auf die Behandlung von Homizidopfern angewandt. Dabei gibt es in unserer Kultur durchaus Positionen, die sich gegen die Stereotypen „Ist doch schon so lange her", „Irgendwann muss mal Schluss sein" wehren. Nur weil Durchsetzbarkeit nicht gegeben ist, ist das ethische Grundproblem nicht gelöst. In dem Straftatbestand Mord hat man mit der Nichtverjährungsklausel eine immerwährende ethische Grundposition geschaffen.[6] Eine zur ethischen Bewertung von Mord analoge Konstruktion böte sich für den unklar definierten Rechtsbegriff der Totenruhe geradezu an. Hier gäbe es sogar ein Kriterium für die Dauer der Totenruhe. Diese sollte bis zur physischen Auflösung des Überrestes gelten.

Erstaunlicher Weise äußert sich die UN- Menschenrechtsdeklaration nicht explizit zum Bestattungsrecht, das schließlich Teil des Überzeugungssystems eines jeden Menschen ist und im 20. Jahrhundert mit den vielen Displaced Persons, Migranten und Flüchtlingen eine größere Bedeutung bekam. Artikel 18 der Deklaration könnte hier als Hilfsargument herangezogen werden, der Religionsfreiheit und die Freiheit der Kulthandlungen einschließt (https://s.gwdg.de/5O2lRW).

Nun kann man den hier vorgetragenen Vorbehalt gegen eine öffentliche Ausstellung menschlicher Überreste als unaufgeklärte, gegen das szientifisch-materialistische Weltbild gerichtete Haltung missverstehen. Wissenschaftlicher Utilitarismus in der Tradition der Aufklärung und der „Entzauberung der Welt" (Max Weber) rechtfertigt nach Auffassung des Verfassers durchaus die Präsentation von Überresten für Zwecke der Wissenschaft. Dasselbe Argument kann aber nicht für allgemeine, öffentliche Ausstellungen gelten. Wenn sich Ausstellungsmacher in diesen Fällen auf die Wissenschaftsfreiheit berufen, dann ist das günstigstenfalls die Haltung der im Exempel aktuell Handelnden. Denjenigen, denen Überreste präsentiert werden sollen, kann eine solche Haltung nicht allgemein unterstellt werden.

---

[6] Die Konstruktion dieser Nichtverjährungsklausel für Mord, für den zuvor eine Verjährungsfrist von 30 Jahren bestand, war zwar eine spezifisch auf die Verbrechen und Gräueltaten des NS-Regimes ausgerichtete Norm, um auch die letzten noch lebenden Täter verfolgen zu können. Tatsächlich ist sie Ausfluss einer gewandelten allgemeinen ethischen Grundhaltung.

# Haut und Haare (und Nägel)

Haare, Finger- und Fußnägel sind Keratinstrukturen und bilden zusammen mit der Haut (der Säugetiere) eine ontogenetische (entwicklungsgeschichtliche) Einheit.

Eine systematische museale oder archivalische Sammlung von Finger- und Fußnägelabschnitten scheint es nicht zu geben. Ein Kuriositätenmuseum in New York verwahrt seit 2018 die mit ca. 200 cm längsten Fingernägel der Welt. Volkskundlich werden Nagelabschnitte (wie auch Haare) in Stellvertretung für ihren Träger zum (Schadens-)Zauber verwendet. Meist wurden/werden(?) sie hierfür vergraben und vergehen nach einiger Zeit, womit eine archäologische Erfassung nahezu ausgeschlossen ist. Über eine seltene Ausnahme berichtet Karl Brunner (1919/1924), wonach sich in einer vernieteten Kapsel an einem etwa 1000 Jahre alten Bronzegurt aus dem Litauischen Rombinus einige Stücke abgeschnittener Fingernägel gefunden hätten.

Sofern Nägel zur Untersuchung kämen, eigneten sich etwaige, zumeist im maturen Lebensabschnitt auftretenden Längsrillen zur Altersschätzung und Identifikation, vorausgesetzt, es gäbe Vergleichs- bzw. Verdachtspersonen (Thomas 1967). Finger- und Fußnägel wären für Isotopen-Analysen zur Ermittlung der geographischen Herkunft ihres Trägers geeignet (Rummel et al. 2007).

Das gilt ebenfalls für Haare, die in Sammlungen häufiger vertreten sind. Die Untersuchung von Haaren folgt am besten den Routinen der forensischen Haaruntersuchung und beginnt vor weiteren Analysen mit einer Speziesidentifikation, sofern sich menschliche Herkunft nicht zwingend ergibt. Die morphologische Haaranalyse zur Speziesidentifikation bedarf erheblicher Erfahrung. Das Standardwerk morphologischer Haaranalyse ist immer noch Theodor Lochtes Atlas (1938). Eine neuere Übersicht über die forensische Haaruntersuchung bieten Burkhard Madea und Frank Musshoff (2004). Hauptkriterien der morphologischen Haaranalyse sind Durchmesser des Haarschaftes (Mensch, europ. Haupthaar: ø 0.06–0.08 mm, R = 0.1–0.04 mm; Asien: ø 0.08–0.12 mm); die Dicke des

**Abb. 7.1** Haupthaar einer weiblichen Toten. Vermoderte barockzeitliche Sagbestattung in einem Kirchengewölbe (St. Marien, Wolfenbüttel, 1981). Der Schädel ist quantitativ in Brushit umgewandelt (weiße Masse). Im dichten Haarschopf sind (re) Flechtstrukturen erkennbar. Die Ursache der Kräuselungen, welche die Spitzen von Haarbündeln betreffen, liegt eher in liegezeitbedingter Dekomposition als in der Leichentoilette. Die rötliche Haarfarbe ist durch Oxidation des natürlichen Haarpigmentes entstanden

Markstranges (Mensch: ~ 1/5 – 1/4 der Haarbreite, Tier: ~ 1/2–2/3 der Haarbreite) und die Form der Cuticula-Schuppen. Dabei gilt als ganz grobe Einschätzung: je näher eine Tierart mit dem Menschen zusammen lebt (Haustier), desto ähnlicher manche Formen der Cuticula-Schuppen denen menschlicher Haare. Eine Darstellung der Schuppen gelingt im Raster-EM deutlich besser als im lichtmikroskopischen Abdruckverfahren. Grundsätzlich enthalten Haare auch im Haarschaft DNA, wenn auch in extrem geringen Mengen. Bei historischen bzw. prähistorischen Proben ist ihr Nachweis und ihre Analyse durch liegezeitbedingte Degradierung bis zur Unmöglichkeit erschwert.

Haarproben von Lebenden wurden auch als „Anthropologica" gesammelt (Berner 2011, S. 21). In einigen Kulturen haben Frauen Haare als Zeichen einer Fürbitte oder eines Gelübdes an ‚heilige Bäume' gehängt (z. B. Nordafrika, 19.Jh.). Von ihnen kamen Haarproben in europäische Sammlungen. Haare aus archäologischen Auffindesituationen werden überwiegend bei neuzeitlichen Skelettbergungen gesichert (Abb. 7.1). Es ist nicht bekannt, ob beide Arten von

Haarproben systematischen Untersuchungen zugeführt und welcher Erkenntnisfortschritt dabei gewonnen wurde.

Die „Wunderdinge der Toten" des Erstlings der deutschsprachigen forensischen Literatur, Christian Friedrich Garmann (1670), widmen den Haaren, ihrer organismischen Beschaffenheit und unter anderem auch ihren Farben und deren Erhalt bei Lebenden und bei Toten das Kap. 1. Er behauptet (zu Unrecht), dass Haare einen pflanzlichen Charakter haben und bei toten Menschen nicht verwesen (§ 3), etwas später einschränkend richtig, dass sie der „Fäulnis" (d.i. der Dekomposition) lange entgingen (§ 6). Zur Erklärung der verschiedenen Haarfarben greift er auf die Galensche Viersäftelehre zurück (§ 17). Dass sie bei den Toten die Farbe verändern erläutert er so:

*§. 7..... Die Erfahrung lehrt, daß sie bei Gehenkten und Geräderten ergrauen. Bei Sennert […] kann man lesen, daß bei Lebenden graue Haare bisweilen schwarz und rot wurden; daß dies aber bei Toten nicht unmöglich ist, belegt in aller Deutlichkeit die Beobachtung Joh.Dan.Horstius'* [d.i. Johann Dan. Horst, 1616–1685], *die er aus der Erzählung der Enkel* [bezogen] *hat, über Ekkehard den Bärtigen,* […] *der mit grauem Barte gestorben war,* [dessen] *Bart aber bei Eröffnung seines Grabgewölbes* […] *rothaarig aufgefunden wurde, der Rest war zu Staub zerfallen.* (S. 4/51).

Von gesichertem Wissen im heutigen Verständnis kann keine Rede sein. Aber die hier aus dritter Hand mitgeteilte Beobachtung kann solide Wurzeln gehabt haben (Abb. 7.1).

Ihre museale Beachtung verdanken Haare vermutlich auch ihrer mythologischen Bedeutung als Sitz einer (Lebens-)Kraft (u. a. die Erzählung über Samson und Delila). Vermutlich ist dies der Hintergrund der bis in die Neuzeit verbreiteten Überzeugung, wonach Haare und ihr andauerndes Wachstum für einen pflanzlichen Charakter sprächen. Die Funktion als *pars pro toto* machte die Locke zu einem geeigneten Andenken. Haare galten als authentische Erinnerungsträger. Locken als Freundschafts- oder Liebesgaben sind seit der Renaissance belegbar. Sie sollten Verbundenheit beweisen und herstellen, als Liebesgaben Sehnsucht und Verlangen wecken. Bei den häufigen musealen Objekten handelt es sich allermeist um kunstgewerbliche Erzeugnisse, die privat oder als Auftragsarbeiten aus den Terminalhaaren des Kopfes gefertigt wurden (Abb. 7.2). Für den kulturhistorischen Überblick empfehlen sich besonders die Ökonomische Enzyklopädie von Johann Georg Krünitz ([1]1780/ [2]1789) und Nicole Tiedemann (2006). Am häufigsten war eine Verwendung von Haupthaaren zu persönlichen Erinnerungsstücken oder Schauobjekten des Totengedenkens (Wittenzellner 2020; Svoboda 1996). Der

**Abb. 7.2**  Li: Armband mit Aufschrift „Marie" auf der Schließe. Hellbraunes Haar, Öster-
reich um 1850, als Beispiel für eine Erinnerungsgabe, die am Körper getragen werden konnte.
L:17.0, B: 1.8 cm. (Svoboda 1996: 28; © Salzburg Museum). Re: Totengedenkbild für Luise
Seelmann. Beschriftung auf der Rückseite: „Geflochten aus den Haaren der am 21. Juni 1860
verstorbenen Luise Seelmann (*24.10.1853)" (aus: Wittenzellner 2020)

von Alaida Assmann (2013, S. 15) für diese Haar-Memorabilien gefundene Ausdruck „Erinnerungsikone" ist mit seinen Eigenschaftszuschreibungen auch auf
andere menschliche Überreste in Sammlungen und Archiven übertragbar.

    Bekannten Personen der Zeitgeschichte sind nach dem Tode häufiger Haar-
strähnen abgeschnitten worden, die archiviert wurden. Museal werden auch
Skalpe (mit der Kopfhaut abgezogene Haare) und Schrumpfköpfe (Abb. 7.3) mit
Haaren verwahrt. An den Haaren sind gegebenenfalls Nissen von Kopfläusen zu
finden (Abb. 7.3).

Die durchschnittliche Wachstumsgeschwindigkeit von Haupthaaren beträgt 1 cm/Monat. Da verarbeitete Haare eine gewisse Länge aufweisen und sie ein Speicher für durch Einatmung bzw. Verschlucken inkorporierte und eingelagerte Fremdsubstanzen sind, würden sich diese auch für zahlreiche Monitoring-Untersuchungen innerhalb des Zeitfensters ihres Wachstums eignen. Das Spektrum reicht vom Screening auf psychotrope Substanzen über Isotopensignaturen der Nahrungskomponenten bis hin zu Umweltbelastungen (Rummel et al. 2007). Die Belastbarkeit von Nachweisen von Drogenmetaboliten in altägyptischen Mumienhaaren (Balabanova et al. 1992) wird kontrovers diskutiert. Umweltbelastungen sind zuweilen bereits an der Haarfarbe erkennbar, wie bei intensivem Umgang mit metallischen Materialien, der zu grüner, sogar bläulicher Haarfarbe führen kann. Ein Beispiel ist die Untersuchung von Haaren von Napoleon Bonaparte († 1821), die einen erheblichen Arsengehalt aufwiesen, der aber nicht unmittelbare Todesursache gewesen sein soll (Marchetti et al. 2020). Der Arsengehalt wird überwiegend auf die Inhalation arsenhaltiger Ausdünstungen aus den Farben der Tapeten in Napoleons Wohnung auf St. Helena zurückgeführt.

Die erhaltene Gesichtshaut des Schrumpfkopfes leitet über zum Thema Haut. Integument ist als barockzeitliches Trockenpräparat häufiger Bestandteil anatomischer Sammlungen (siehe Abb. 5). Da es sich zumeist um Stopfpräparate handelt, ist deren Haut gegenüber dem Nativzustand gedehnt. Gegebenenfalls wurde mit Konservierungsmedien stabilisiert. Im Prinzip handelt es sich um eine Mumifikation. Entsprechend sind Präparationstechniken zur Aufarbeitung mumifizierter Gewebe auch für etwaige Untersuchungen derartiger Trockenpräparate geeignet (Aufderheide 2003). Feuchtpräparate der menschlichen Haut, mit denen häufig Tätowierungen bewahrt werden, sind mit den bekannten histologischen Techniken aufzubereiten. Die Präparate befinden sich zumeist in Asservaten- oder Kuriositäten-Sammlungen. Einzigartig ist das Exemplar, über das Martin Smith et al. (2021) berichten und das sie einem umfassenden Spektrum von Untersuchungsmethoden unterzogen haben (Abb. 7.4).

Das in Abb. 7.4 gezeigte Exponat, das auf Jahrmärkten und Kuriositäten-Shows ausgestellt wurde, kann als Beleg dafür gelten, dass seine Ausstellung nicht die Wissensvermittlung, nicht Aufklärung oder Belehrung zum Ziel hatte, sondern die Bereicherung des Schaustellers. Jedem Ausstellungsbesucher müsste klar gewesen sein, dass hier einem Menschen „die Haut abgezogen" wurde. Die Häutung mag durch das Handeln medizinisch oder anatomisch geschulten Personals juristisch gedeckt gewesen sein, sittengesetzlich war sie jedoch verwerflich. Das Ausstellungsverbot, wie es in diesem Buch vertreten wird, sollte – wie das Beispiel nahelegt – auch auf Exponate aus Haut ausgedehnt werden.

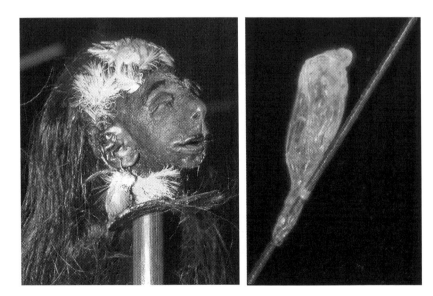

**Abb. 7.3**  Li: Südamerikanischer Schrumpfkopf (Jivaro: tsantsa), etwa kokosnußgroß, hergestellt nach Entfernung der Schädelknochen aus einer Kopftrophäe durch Einschrumpfen der Kopfhaut, wodurch Länge und Menge der Haupthaare disproportioniert zum verkleinerten Gesicht erscheinen. Wegen zahlreicher Fälschungen aus tierlichen Häuten, die über den Kunsthandel vertrieben wurden/werden, können Prüfungen auf menschliches Gewebe angezeigt sein (1977, verwahrt im Ethnologischen Museum Berlin, SMPK) – Re: Nisse der menschlichen Kopflaus *Pediculus humanus capitis* am Haar einer vorspanischen Peruanischen Mumie.

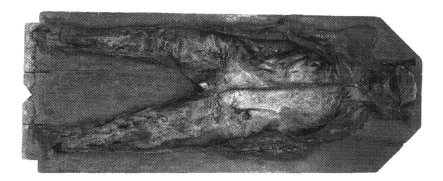

**Abb. 7.4** Operativ entfernte Haut eines erwachsenen Mannes überwiegend des anterioren Hautanteils, des Gesichts und der Ohren mit sichtbar vernähten Schnitten der Autopsie und zahlreichen Tätowierungen. Teilweise unterfüttert. Die Untersuchungen des im Privatbesitz befindlichen Trockenpräparats machen wahrscheinlich, dass der Träger der Haut französischer Herkunft war, in der zweiten Hälfte des 19. Jh. lebte und die Haut zeitweilig auf Jahrmärkten bzw. in ‚Side Shows' ausgestellt wurde (aus Smith 2021)

# Anhaftungen sive Antragungen

Sammlungsgegenstände können Anhaftungen menschlicher Gewebe- oder Organreste oder Antragungen von Substraten menschlicher Herkunft aufweisen. Die Beschaffenheit des Trägermaterials kann vielfältig sein. Bei Antragungen, die ihrerseits menschlichen Überresten anhaften, ist unsicher, ob Überrest und Anhaftung derselben Person zuzuordnen sind.

Beispiele für Antragungen sind Blutanhaftungen bzw. Blutspuren in Glasfläschchen oder mit Erde vermischte, angeblich aufgefangene Blutstropfen, oder auf Leinen als Trägermaterial, die von Jesus Christus oder von christlichen Märtyrern stammen sollen. Allein schon die Erzählungen über die Sicherung der Blutreliquien lassen begründete Zweifel an deren Authentizität aufkommen. Über die Blutstropfen Jesu Christi in Mantua macht Hermann von Reichenau (H. d. Lahme) eine lapidare skeptische (?) Bemerkung in der Ersterwähnung der Reliquie im Jahre 1048 (https://s.gwdg.de/QsobGM, Zeile 45).

Die Antragungen auf dem Turiner Grabtuch Jesu (sindone sacra) können schon wegen des Alters des Leinentuchs, dessen $^{14}$C Datierung auf das 13./14.Jh. CE verweist, keinen Authentizitätswert besitzen. Unklar ist zudem, ob es sich überhaupt um einen Kontaktabdruck eines menschlichen Körpers handelt.

Ein seltenes Beispiel für die Untersuchung von Blutspuren an Archivmaterial hat Maike Smerling (1978) veröffentlicht. Der von 1754 bis 1763 in Magdeburg inhaftierte Friedrich Freiherr von der Trenck hatte in einer Bibel Einträge mit Eigenblut vorgenommen. Naturgemäß waren die Aussagemöglichkeiten in der Zeit vor Etablierung von aDNA-Technologien begrenzt, sodass zum damaligen Zeitpunkt der Eigenblutbeweis nicht möglich war. Heute wäre die Aussagemöglichkeit um ein Vielfaches besser. Sollte es lebende Nachfahren von der Trencks geben, könnte vermutlich ein Eigenblutbeweis geführt werden.

Eine vergleichbare Untersuchungslage ergab sich für die Begutachtung von Anhaftungen der archivierten Bekleidung Kaspar Hausers († 17. Dezember 1833

B. Herrmann, *Menschliche Überreste in Sammlungen,* essentials, https://doi.org/10.1007/978-3-662-64172-9_8

in Ansbach). DNA-Analysen von Blutantragungen auf der Kleidung, die Hauser bei seiner Tötung durch Messerstiche trug, lieferten keinen Hinweis auf seine vermutete Abstammung aus dem Adelshaus Baden (Weichhold et al. 1998). Später beprobte Haare aus dem Hut Hausers ergaben keine eindeutigen Befunde. Während für die Blutflecken die Zugehörigkeit zum Opfer als sicher gilt, kann diese für die Haarproben nur wahrscheinlich gemacht werden.

Im weitesten Sinne wären auch etwaige Überreste menschlicher Ektoparasiten den spezifischen Anhaftungen zuzurechnen, sofern sie an einer Kleidung gefunden würden.

Insgesamt ist dem Bereich der Anhaftungen / Antragungen in Sammlungen keine große publizierte Aufmerksamkeit gewidmet worden. Begründet ist dies nicht nur durch die Seltenheit entsprechender Objekte. Die Ursache liegt vielmehr sowohl in der zumeist geringen Größe von Antragungen, deren Herkunft überhaupt unsicher ist und einem daraus resultierendem fehlenden Erkenntnisinteresse sowie fehlenden Untersuchungsroutinen. Welchen Aufschluss wollte man beispielsweise über eine Extraktion von Schweißspuren aus der Kleidung Hausers gewinnen, vorausgesetzt, sie gelänge?

Zudem ist bei Antragungen an Sammlungsobjekten eine Zuordnung zu einer bestimmten Person allgemein nahezu ausgeschlossen. Selbst bei sogenannten Plazentatöpfen kann in der Regel nur auf die menschliche Herkunft der Anhaftung geprüft werden. Als Plazentatöpfe werden archäologisch geborgene Gefäße bezeichnet, in denen die Nachgeburt vergraben wurde (Sartorius 2004; Ade 2009; Held et al. 2009).

Nicht bekannt ist, ob menschliche Überreste in musealen Sammlungen auf Geruchspuren untersucht wurden oder werden können. Denkbar wäre der Einsatz z. B. von Drogenspürhunden. Allerdings sind die meisten Sammlungsobjekte durch langzeitliche Exposition mit Mitteln zur Bekämpfung von Sammlungsschädlingen, unter denen z. B. der stark riechende Kampfer häufige Verwendung findet, geruchlich kontaminiert. Außerdem scheinen selbst die Entwickler von Archiven für Körpergeruchsproben (Geruchskonserven) dem Beweiswert ihres Erkenntnismittels skeptisch gegenüber geblieben zu sein.

Eine besondere Schutzwürdigkeit für Anhaftungen als (mögliche) menschliche Überreste besteht nach Auffassung des Verfassers nicht. Die Schutzwürdigkeit kann aber aus kulturhistorischen Gründen für die Trägermaterialien gelten.

# Varia

9

In diesem Kapitel wird schließlich noch jener Überreste gedacht, die sich schwerlich einer Systematik menschlicher Überreste im engeren Sinne einfügen lassen. Ihre Erwähnung mag überflüssig erscheinen, ihre Nichterwähnung wäre ein Mangel.

Allerdings gilt das Interesse beispielsweise im Falle von Koprolithen und Kloakensedimenten weniger den menschlichen Überresten im strengen Sinne, sondern den Überresten anderer Metazoen. Betrachtet man aber den Menschen und die Organismen, die mit ihm eine kommensale, symbiotische und pathologische Gemeinschaft bilden, als das ‚Humanbiom‘, dann hat diese Erwähnung hier einen logischen Platz. Deshalb können die mit menschlichen Überresten assoziierten Mikroorganismen und Metazoenreste, die sich einer Besiedlung des Menschen zu Lebzeiten verdanken, auch als zum Überrest gehörig betrachtet werden.

Zu den sicherlich selten magazinierten menschlichen Überresten gehören Koprolithe und Bodenproben von Kloaken. Hierzulande sind mittelalterliche Kloaken gesuchte stadtarchäologische Objekte, weil sie ausschnitthafte Einblicke in häuslichen Alltag und Hygiene erlauben, wie er sich in Abfällen, Nahrungsmittelrückständen und den erhaltenen Eiern von Darmparasiten abbildet (Herrmann 2014: 20 ff.). In Anlehnung an die Medizinische Mikrobiologie sind Techniken zur Untersuchung von Bodenproben auf Eier von Darmparasiten entwickelt worden, da palynologische Probenaufbereitungen absolut ungeeignet sind, weil sie zu schweren Beschädigungen bis hin zur Nicht-Identifizierbarkeit der Parasiteneier führen. Die Untersuchungen können Proxidaten zur historischen Hygiene und zu Nahrungskomponenten und ihren Zubereitungen liefern. Es handelt sich bei Kloakensedimenten naturgemäß um ein mehrere Jahre umfassendes Kondensationssediment, dessen Stratifizierung problematisch ist.

Als Koprolithen werden allgemein ausgetrocknete, einzeln abgesetzte Fäkalien bezeichnet. Sie sind u. a. relativ häufig in Höhlen und unter Abris vorkolonialer

B. Herrmann, *Menschliche Überreste in Sammlungen,* essentials, https://doi.org/10.1007/978-3-662-64172-9_9

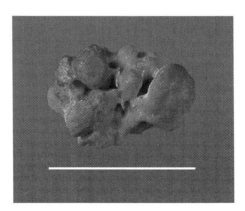

**Abb. 9.1** Blasenstein aus einer mittelalterlichen Körperbestattung. Maßstab: 2.6 cm. Der vergleichsweise große Stein entstand sicher über längere Zeit aus Sand und Grieß des Harnapparates durch Abflusshemmnisse. Da es sich um die Bestattung einer maturen Frau mit Geburtsmarken an den Schambeinen handelte, liegt eine geburtenbedingte Narbenbildung in der Harnröhre als Abflusshemmnis nahe

Siedlungsplätze in Nordamerika gefunden worden. Als unmittelbarste Rückstände des sozionaturalen Stoffwechsels erlauben sie Aussagen über das individuelle Nahrungsspektrum und etwaige Belastungen mit Endoparasiten. In Mitteleuropa sind historische bzw. prähistorische Koprolithe aus Bergwerken, vorzugsweise Salzbergwerken, bekannt. Sie bilden ein anekdotisches Quellenmaterial, weil sie wegen ihrer Spärlichkeit und als absolut individuelles Produkt weder zu einem Zeitschnitt noch zu einem Bevölkerungsquerschnitt zusammengefasst werden können. Ob es jemals Versuche gegeben hat, die für Hallstatt nachgewiesenen landsmannschaftlich unterschiedenen, überregionalen Bergwerksarbeiter und die spezifische Zusammensetzung der Koprolithe zu korrelieren, ist nicht bekannt.

Zu den klinisch entfernten und in Lehrsammlungen aufbewahrten bzw. zu den archäologisch geborgenen menschlichen Überresten zählen auch Konkremente, also feste Ablagerungen innerhalb des Körpers. Sie können aus überdauerungsfähigem Material (‚Phosphatsteine') bestehen und mit einem Skelettfund geborgen werden (Abb. 9.1). Selten werden auch plattenartige Verkalkungen des Brustfells (‚Pleurapanzer'), die nach Entzündungskrankheiten auftreten können, oder calcifizierte Echinococcus-Zysten (Zysten des Hundebandwurms) gefunden.

Die bis hier genannten ‚Varia' können nicht als schutzwürdige Überreste gelten, von ihnen sollten jedoch Belegstücke bzw. -proben aufbewahrt werden.

**Abb. 9.2** Portaitbüste, zweite Hälfte 19.Jh., Gips. Sockelaufschrift „Polonais. Général". Die Mutterform wurde durch direkte Abformung vom Lebenden erzeugt. Die Büste ist Beispiel aus einer ethnographischen Serie des Herstellers Tramond, Paris. (Sammlung Historische Anthropologie, Universität Göttingen)

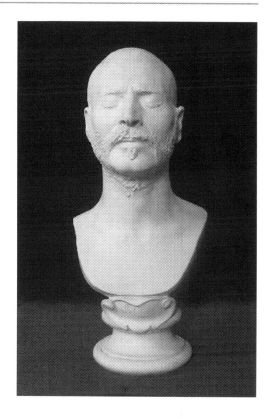

Man mag sich darüber streiten ob die Marmorbüsten von Franz Xaver Messerschmidt (1736–1783), die zum Teil im Oberen Belvedere in Wien ausgestellt sind, im weitesten Sinne zu den Überresten zu zählen sind. Es sind allermeist Selbstbildnisse in verschiedenen Affektstadien. Sie sind zwar keine Produkte unmittelbaren Körperkontaktes wie ein Abguss, aber sie sind von seiner eigenen Hand gefertigt, und damit der absolute definitorische Grenzfall.

Dagegen sind die Gipsbüsten aus einer ethnographischen Serie der Pariser Firma Tramond (Abb. 9.2) aus dem 19. Jahrhundert wohl mehrheitlich durch direkte Ausformung einer Mutterform entstanden. Da solche Abformungen mit dem Ziel der Herstellung einer Portraitbüste vorgenommen wurden, darf allermeist unterstellt werden, dass den Portraitierten der Verwendungszweck bekannt war und sie einer Präsentation zustimmten. Das mag bei Menschen aus Kolonialländern anders gewesen sein, bei denen ‚Freiwilligkeit' mitunter bezweifelt werden kann.

Die Ausstellbarkeit derartiger Portraitbüsten ist vor dem Hintergrund ihrer seinerzeit möglichen Funktionalisierung als ‚Dokumente' scheinbar hierarchisierbarer geographischer Formvarianten der Menschen sehr sorgfältig zu prüfen. Beruhte die Herstellung auf der Absicht, eine solche Portraitbüste in rassistischen Kontexten zu verwenden, verbietet sich ihre Ausstellung, jedenfalls auch in Ausstellungen, die Aufklärung über rassistische Ideologie und rassistisches Denken betreiben wollen. Denn eine solche Büste würde selbst in einem aufklärerischen Zusammenhang den Unterschied zu den Betrachtern hervorheben und ihn damit betonen. Dieser Unterschied, wo er denn bestünde, verdankte sich der evolutionsbiologischen Anpassung an geographische Gradiente. Rassismus ist aber kein biologisches Problem, sondern beruht auf falschem Denken und dem soziologischen Problem des täglich gelebten Vorurteils, das sich an der Oberfläche eines menschlichen Körpers abarbeitet.[1]

Zur Problematik anthropologischer Körperabformung, insbesondere der Köpfe, und der Ausstellbarkeit ihrer Abgüsse enthält der Abschnitt „Zu nah am Leben" im von Veronika Tocha besorgten Ausstellungskatalog (Haak et al. 2019) eindrucksvolle Zeugnisse, welche die zumeist unethische Herstellung der Abformungen zu Kolonialzeiten belegen (siehe auch Berner 2011).

Die in Abb. 9.2 gezeigte Büste ist ein Beispiel aus einer Serie weltweiter Pörtraitköpfe, die menschliche (männliche) geographische Varietäten repräsentieren. Die Büste ist von einer plastischen Präzision auch in der Hinterhaupts- und Nackenpartie, daß man einen Direktausguß der Abdruckform vermuten möchte. Damit wäre ein „Überrest" gemäß der in Kapitel I gegebenen Definition gegeben. Es ist jedoch sicher, dass Tramond (bzw. die Fa. Vasseur-Tramond) auch Kopien von Büsten anderer Hersteller anfertigte. Deren Ausfertigungen bleiben jedoch hinter der Detailgenauigkeit anderer Büsten innerhalb der Serie zurück.

---

[1] Zum Rassismus siehe „Schwarzweissheiten"(2001). Zur Physiognomik Schmölders 1995. – Eine zutreffende Entlarvung des physiognomischen oder so genannten „morphologischen Blicks" der falschen anthropologischen Formenkunde als tatsächlich vorurteils- bzw. sozialisationsbelastetem Blick hat Hans Brittnacher (1995) formuliert: „Der provisorische Charakter des kasuistischen Wissens wird bei seiner Systematisierung zur allgemeingültigen Wissenschaft preisgegeben. Gerade das, was der alltagspraktischen Deutung ihre soziale Elastizität verleiht, das Wissen um die Schnelllebigkeit des Vorurteils und die Bereitschaft zu seiner jederzeitigen Revision, muss in anthropologischen Theorien, die einer nur vorläufigen Einschätzung zum perennierenden Urteil aufhelfen wollen, einem Universalismus unversöhnlicher Geltung weichen. Die systematische Physiognomik deutet nicht mehr den Menschen in seiner jeweiligen konkreten Besonderheit, sondern zwangsläufig als Abweichler von der anthropologischen Norm."(S. 129) Das Grundproblem dieses soziologischen Verhalten ist, das mit einem Urteil über sein Aussehen dem konkreten Menschen gesagt wird, was er ist, ihm damit zugleich auch gesagt wird, was er nicht ist.

**Abb. 9.3** a, b Kopfabdruck eines erwachsenen Mannes, gewonnen durch Gipsausguss eines Hohlraums, der unter der Verfestigung der Kalkeinstreu eines Massengrabes entstand. Aus einem ‚Pestgrab' (umgangssprachlicher, unspezifischer Ausdruck für ein Massengrab nach epidemischem Ereignis) des späten Mittelalters / der frühen Neuzeit im deutschen Südwesten (in den 1970er Jahren magaziniert in der Paläanthropologischen und Osteologischen Sammlung der Universität Tübingen).

Vergleichbar den Gipsabgüssen lebender Personen ist der Ausguss eines Kopfabdrucks (Abb. 9.3). Man kennt solche Hohlraumausgüsse unter anderem aus Pompeji. Anders als in Pompeji, wo die skelettären Überreste in den Ausgüssen enthalten sind, ist in diesem Fall das Schädelskelett vor dem Ausguss entnommen worden. Dass der Hohlraum entstehen konnte, liegt an der reichlichen Verwendung von gebranntem Kalk (Calciumoxid), der in Massengräbern seit dem Altertum zur Desinfektion und Bindung von Leichenexsudaten eingesetzt wurde. Die anschließende Verfestigung des „gelöschten Kalkes" hat das Gesicht des Verstorbenen plastisch erhalten. Systematisch handelt es sich hierbei wie bei den Gipsbüsten eigentlich nicht um einen menschlichen Überrest, sondern nurmehr um seine Spur (im Sinne der allgemeinen Spurenkunde; Herrmann und Saternus 2007).[2]

---

[2] Das Erfordernis definitorischer Klarheit endet mit dem Beginn von Sophistik. Die in Kapitel I verwendete erweiterte Definition des „Überrestes" unter Einschluss von Objekten mit Körperkontakt erklärt unbeabsichtigt zwangsläufig jede ‚Spur' auch zu einem „Überrest". Es muss eine vernunftgeleitete Grenze gezogen werden, denn es kann beispielsweise ein Zigarettenrest kein „Überrest" im hier verstandenen Sinne sein.

Ethische Grundhaltungen unterliegen ebenso wie Rechtsnormen dem Wertewandel innerhalb von Gesellschaften und dem Austausch von Auffassungen über die temporären Gültigkeitsgrenzen von Normen, Sittengesetzen und Systemen sogenannter Selbstverständlichkeiten hinweg. Deshalb steht die nachfolgende Äußerung selbstverständlich unter den Vorbehalten ihrer zeitlichen Verortung und denen einer persönlichen Meinung. Sie bezieht sich auf das Präsentieren von Überresten in öffentlich zugänglichen Ausstellungen, hauptsächlich und vorrangig skelettären Ursprungs, auf Mumien, auf Hautpräparate und Portraitbüsten zur herabsetzenden Veranschaulichung von Gesichts- und Kopfformen. Gegen die Ausstellung von Erinnerungsikonen aus Haaren, von Anhaftungen sowie sonstigen, hier unter ‚Varia‘ subsumierten Objekten bestehen nach Auffassung des Verfassers keine Bedenken.

Am Beginn eines Umgangs mit menschlichen Überresten steht in der Regel ein Bestattungsritus. Wie jeder Ritus widersetzen sich auch Bestattungsriten, aber diese besonders, zunächst zeitbedingten Transformationen. Das ist in ländlichen Gemeinschaften spürbarer als in anonymisierten Großstadtgesellschaften. Versuche einer ‚aufgeklärten‘ Bestattungspraxis, wie sie sich etwa der österreichische Erzherzog und Kaiser Joseph II (1741–1790) vorstellte (Stichwort „Sparsarg“), wurden von der Bevölkerung vehement abgelehnt. Dem Sparsamkeitszwang heutiger Angehöriger von Verstorbenen kommen marktbewusste Bestattungsunternehmer entgegen (‚Sargdiscounter‘, u. a. mit preiswerten Einäscherungen in EU-Nachbarländern). Friedhofsordnungen begrenzen die Liegezeit. Zwar können Liegezeiten durch ‚Nachkauf‘ der Grabstellen verlängert werden, bundesweit beträgt die Liegezeit durchschnittlich 20–30 Jahre, bei Kinderbestattungen ist sie geringer. Dem Gedenken an die Verstorbenen war bereits mit der Erfindung des ortsfesten, umfriedeten Friedhofsareals vor langer Zeit eine Frist gesetzt worden. Immerhin werden seitdem Überreste aus aufgelassenen Gräbern, die bei

B. Herrmann, *Menschliche Überreste in Sammlungen*, essentials, https://doi.org/10.1007/978-3-662-64172-9_10

Neubelegungen freigelegt werden, wieder bestattet. Der sich gegenwärtig zuweilen hysterisch überschlagende Zeitgeist lässt der Erinnerungskultur in unserer Gesellschaft nur noch wenig Raum.

Menschliche Überreste in Sammlungen verdanken sich teilweise keinesfalls vorangegangenen Bestattungen. Etliche kamen aus dem Sektionsraum direkt in die Sammlung, andere über eine Leichenspende, wieder andere durch archäologische Ausgrabungen. Überreste aus ethnologischen Zusammenhängen verdankten ihre Entstehung möglicherweise keiner Bestattung nach einem Prinzip der uns vertrauten Weise, sondern den weit verbreiteten Praktiken der Leichenexposition oder dem Umgang mit Kriegsopfern des Gegners. Letztere eine auch in Europa noch bis an die Neuzeit geübte Praxis. Oder sie weckten als Ethnographica das Interesse europäischer Forschungsreisender, die sie – nicht immer auf unbedenkliche Weise – für interessierte europäische Museen akquirierten.[1]

Derzeit gültige Rechtsnormen gehen für einzelne Sachverhalte, die das Umfeld Verstorbener betreffen, sogar noch von kürzeren *Schutzzeiten* aus. In Kommentaren wird das Durchschnitts*gedenken* an Verstorbene auf 125 Jahre festgelegt.

Nachdem aus ehemaligen Kolonialgebieten und von indigenen Gruppen Restitutionsansprüche auf menschliche Überreste ihrer Angehörigen, soweit sie sich in den Museen der ehemaligen Kolonialmächte oder den Museen der nachfolgenden herrschenden Eliten befinden, geäußert werden, ist das überfällige Nachdenken über die geübte Praxis beschleunigt worden.[2] In den „Empfehlungen über den Umgang mit menschlichen Überresten in Museen und Sammlungen" des Deutschen Museumsbundes (2013) wird jedoch eine grundsätzliche Haltung nur gegenüber Restitutionsansprüchen formuliert. An Stelle einer grundsätzlichen Positionierung bezüglich solcher Überreste, für die keine Restitutionsforderung besteht, nehmen die „Empfehlungen" nach meiner Wahrnehmung eine Einerseits-Andererseits-Haltung ein und führen ihre Überlegungen nicht durchgängig zu einem konsequenten Ende. Dagegen bezieht die Handreichung der Dresdner

---

[1] Als Beispiele sei auf die in Australien tätige Sammlerin Amalie Dietrich (1821–1891) und den von 1904–1910 als Kurator am Völkerkundlichen Museum Berlin tätigen Felix von Luschan (1854–1924) als einen Empfänger menschlicher Überreste aus überseeischen Gebieten verwiesen.

[2] Die Anerkennung etwaiger Restitutionsansprüche geht in vielen Einzelfällen über den Zeitraum des behaupteten Duchschnittsgedenkens hinaus. In diesen Fällen wird dann für allochthone Kulturen der Gedanke einer fortdauernden (kollektiven, nicht individuellen) Erinnerungskultur, die an den Überrest gebunden ist, akzeptiert. Dieselbe Denkfigur taucht erstaunlicherweise im Räsonnement über die hiesige Erinnerungskultur nicht auf.

Hochschule der Künste (Mühlenberend et al. 2018) teilweise dezidiert abweichende Position, insbesondere, was die Auslegung und Kommentierung des rechtlichen Umfeldes betrifft.

Nach Auffassung des Verfassers besteht keine Grund, wegen der bestehenden Widersprüchlichkeiten um den Umgang mit und um die Ausstellbarkeit von menschlichen Überresten in Museen und Sammlungen eine Aporie anzunehmen. Der Sachverhalt stellt sich zunächst einfach nur unterschiedlich dar:

- Die Rechtskonstruktionen von Bestattungspflicht, Totenwürde, und Totenruhe (einschließlich Ahnenkult) ziehen sich bezüglich der Behandlung menschlicher Überreste auf einen pragmatischen Ansatz der zeitlichen Begrenzung ethischer Handlungen zurück (im Wesentlichen die Position vSelle und vSelle (2012).
- Es gibt auch die rechtspuristisch-radikalere Auffassung: Ist es (1) möglich, einen Körper oder einen Teil davon einer bestimmten Person zuzuordnen, ist (2) bekannt, dass diese Person nicht erklärt hat, sie wolle nach ihrem Tod seziert, zerlegt, verbraucht oder dauerhaft aufbewahrt werden und gibt es (3) keinen Ausnahmegrund vom Bestattungszwang, dann muss dieser Körper oder dieses Körperteil bestattet werden (Schmidt-Recla 2018:26).
- Die aufgeklärte Wissenschaft fordert unter Hinweis auf die Freiheit von Forschung und Lehre eine freie Verfügbarkeit über menschliche Überreste, begrenzt ihre Handlungen jedoch durch selbstgewählte Ethikkommissionen.
- Allgemeinbildende und kulturvermittelnde Einrichtungen fordern die Möglichkeit einer Präsentation menschlicher Überreste, sofern eine zu Lebzeiten abgegebene Einwilligungserklärung vorliegt. Für Überreste früherer Zeiträume oder aus ethnographischen Zusammenhängen wird auf eine (angebliche) seinerzeitige oder kulturelle Selbstverständlichkeit ihrer Präsentation verwiesen. Eine öffentliche Präsentation menschlicher Überreste, die dem sogenannten Kulturellem Erbe zugerechnet werden (lokal, regional, kontinental, global) wird beansprucht. Eingeräumt werden hierfür gegebenenfalls Randbedingungen von Reflexion und Empathie, deren Inhalt und Intensität von den Einrichtungen selbst festgelegt werden.
- Indigene Gruppen haben Ansprüche auf Restitution von menschlichen Überresten aus ihrem Kulturkreis, die in unseren Museen magaziniert sind.

Mit Ausnahme der Wissenschaft berufen sich alle Akteure letztlich auf den gesetzten Rechtsrahmen und damit auf ein Verjährungsargument, das auf den auf fünf Jahre gesetzten Rechtsrahmen der Totenruhe einen Zeitraum diffuser Dauer folgen lässt, an den sich eine freie Verfügbarkeit über die Überreste anschließen soll.

Der geltende Rechtsrahmen stützt sich auf unklar definierte Begrifflichkeiten. Er ordnet einen Leichnam dem Sachenrecht zu, argumentiert aber gleichzeitig mit einer ethischen Grundhaltung, für die nur eine kurze Dauer gelten soll (Aufhebung der Verjährungsfrist nach fünf Jahren, §78 StGB).

Der Hinweis auf eine (angeblich) in früheren oder geographisch entfernten Kulturen geübte Praxis der ‚öffentlichen" Präsentation von Überresten als Rechtfertigung einer heutigen Ausstellbarkeit ist als unterkomplex abzulehnen. Sie verweist die Verantwortung auf die Ursprungskultur zurück, ohne gleichzeitig andere Verhaltensweisen jener Kulturen übernehmen zu wollen (z. B. Blutrache; Separation der Geschlechter; autochthone Rechtsnormen).

Die zeitliche Befristung der Totenruhe ist nach meiner Einsicht als unethisch abzulehnen. Sie hat bis zur natürlichen physischen Auflösung eines menschlichen Überrestes zu gelten. Dabei werden nur jene Überreste normativ geschützt, die auch zu Lebzeiten als schutzwürdig gelten, also nicht nachwachsen *und* keinen Einmaligkeitswert für das Individuum besitzen. Ausnahmen gelten für Überreste, für die ein Mensch zu Lebzeiten eine Verfügungsermächtigung erteilt hat.

Eine grundsätzliche Ausnahmeregelung soll für die Wissenschaft bestehen und für Ausstellungen in Naturhistorischen Museen, sofern sie die menschlichen Exponate lediglich ihrer anatomischen Qualität wegen und frei von kommerziellen Motiven präsentieren. Für alle übrigen Bereiche soll uneingeschränkt das Bestattungsgebot und ein Präsentations- und Ausstellungsverbot gelten. Dem Rechtspurismus wird also ein ethischer Purismus gegenüber gestellt, auch wenn dessen Realisierbarkeit unter pragmatischen Gesichtspunkten bezweifelt werden darf. Im Falle der Unrechtstat ‚Mord' hat der Gesetzgeber mit der Nichtverjährung eine immerwährende ethische Klausel geschaffen. Dabei ist allen klar, dass diese Haltung über den gesetzten Zeitraum der Nachverfolgung ein praktisches wie pragmatisches Ende findet. Hierbei steht aber nicht die Pragmatik im Vordergrund, sondern die auf immer und ewig für verwerflich gehaltene Straftat zum Nachteil des Mordopfers.

Warum in analoger Überlegung für die Totenruhe keine ethisch begründete Ewigkeitsklausel gelten soll, ist mir nicht einsichtig. Zumal in der Behandlung von Restitutionsansprüchen eine zeitliche Befristung ausgeschlossen wird. Man begreift schon: bei Mord bleibt nach langer Zeit nur noch unkonkret die Vorstellung einer Tat, die keine Handlungsnotwendigkeit nach sich zieht. Beim menschlichen Überrest verbleibt mit ihm aber die Notwendigkeit aktiver Tätigkeit oder zumindest die einer sehr konkreten Haltung. Das ist mühsam, aber trotz aller aufgeklärter und szientifischer Grundhaltung ein Gebot des Respekts, das logisch aus jener menschlichen Selbstzuschreibung folgt, die ‚Würde' genannt wird, auf die man sich unter ‚Totenruhe' bezieht.[3]

---

[3] Eine solche Schlussfolgerung fällt einem naturwissenschaftlich sozialisierten Autor besonders schwer, dessen wissenschaftliche Position diejenige ist, wonach Menschen nichts als Wirbeltiere ohne spirituelle Sonderstellung sind. Er anerkennt aber die Fähigkeit zu Selbstzuschreibungen der Menschen als aus dem evolutiven Prozess der naturalen Prozesse begründet. Die Inhalte der Selbstzuschreibungen unterliegen zwar mit dem faktischen Wettbewerb der kulturellen Prozesse den evolutiven Mechanismen (Herrmann 2019), sind aber, zusammen mit dem Zufall, nicht nur von rationalen Gedanken abhängig. Selbst irrationale Gedanken gehören zu den Möglichkeiten des evolutiv entstandenen Denkorgans. Alles endet in dem verzweifelten Versuch von Menschen, der eigenen Existenz ‚Sinn und Bedeutung im endlichen Ausschnitt aus der sinnlosen Unendlichkeit des Weltgeschehens' (nach Max Weber) zu geben.

# Was Sie aus diesem *essential* mitnehmen können

- Menschliche Überreste eignet nach herrschender Auffassung eine ‚Menschenwürde'. Sie sind in zahlreichen Museen, Sammlungen und Archiven als Gegenstände naturwissenschaftlicher und kulturwissenschaftlicher Forschungen vertreten. Im Rahmen dieser Forschungen dürfen sie unter Wahrung eines respektvollen Umgangs behandelt und untersucht werden.
- Das essential gibt einen systematischen Überblick über „menschliche Überreste" und mögliche wissenschaftliche Zugänge zu ihnen.
- Bei menschlichen Überresten aus ehemaligen Kolonialländern bestehen Restitutionsansprüche der Nachfahren oder ihrer Vertreter.
- Die Ausstellung oder Präsentation von Überresten in öffentlichen Museen, Bildungseinrichtungen und wirtschaftlichen Projekten ist rechtlich und ethisch problematisch.
- Das *essential* spricht sich für die immerwährende Totenruhe als ethischem Prinzip aus und damit für eine Nicht-Präsentation in Ausstellungen für ein öffentliches Publikum (ausgenommen Naturhistorische Museen unter bestimmten Einschränkungen).

B. Herrmann, *Menschliche Überreste in Sammlungen*, essentials, https://doi.org/10.1007/978-3-662-64172-9

# Literatur

## Vorwort

Herrmann B (2015) Prähistorische Anthropologie. Eine Standortbestimmung. Springer Spektrum, Wiesbaden

Herrmann B (2021) Thanatologie. Eine historisch-anthropologische Orientierung. Springer Spektrum, Wiesbaden

## Kapitel 1

Benjamin W (1974) Gesammelte Schriften. In von Tiedemann W (Hrsg) Schweppenhäuser H., Bd. I.2. Suhrkamp, Frankfurt/M. S 437–438

Brandt Av (2007) Werkzeug des Historikers, 17., Aufl. Kohlhammer, Stuttgart

Descola P (2013) Jenseits von Natur und Kultur. Suhrkamp, Frankfurt/M

Deutscher Museumsbund (2013) Empfehlungen zum Umgang mit menschlichen Überresten in Museen und Sammlungen https://s.gwdg.de/I9Tzgt. Zugegriffen: 18. Juni. 2021

Eder W (2006) Vorwort. In: Günther L-M, Oberweis M (Hrsg) Inszenierungen des Todes. Hinrichtung-Martyrium-Schändung. Europäischer Universitätsverlag, Berlin. S III–XV

Scheler D (2006) In ungeweihter Erde: Die Verweigerung des Begräbnisses im Mittelalter. In: Günther L-M, Oberweis M (Hrsg)) Inszenierungen des Todes. Europäischer Universitätsverlag, Berlin, Hinrichtung-Martyrium-Schändung, S 157–167

Wittwer H, Schäfer D, Frewer A (Hrsg) (2020) Handbuch Sterben und Tod. 2. Aufl., Geschichte – Theorie – Ethik. Metzler – Springer, Berlin

## Kapitel 2

Assmann J, Trauzettel R (Hrsg) (2002) Tod, Jenseits und Identität. Perspektiven einer kulturwissenschaftlichen Thanatologie, Karl Alber, Freiburg

Burschel P (2004) Sterben und Unsterblichkeit. Zur Kultur des Martyriums in der frühen Neuzeit. Oldenbourg, München

Daston L, Park K (1998) Wunder und die Ordnung der Natur. Eichborn, Berlin

Descola P (2013) Jenseits von Natur und Kultur. Suhrkamp, Berlin

Günther L-M, Oberweis M (Hrsg) (2006) Inszenierungen des Todes. Europäischer Universitätsverlag, Berlin, Hinrichtung-Martyrium-Schändung

Hund W (2009) Die Körper der Bilder der Rassen. Wissenschaftliche Leichenschändung und rassistische Entfremdung. In: Hund W (Hrsg) Entfremdete Körper. Rassismus als Leichenschändung. Transcript, Bielefeld. S 13–79

Jaspers K (1946) Allgemeine Psychopathologie, 4. Aufl., Springer, Heidelberg

Kantorowicz E (1990) Die zwei Körper des Königs. Deutscher Taschenbuch Verlag, München

Müllegger S (2011) Der Tod in der Kunstkammer der frühen Neuzeit. Diplomarbeit, Universität Wien

Plessner H (1975) Die Stufen des Organischen und der Mensch, 3. Aufl. De Gruyter, Berlin

Pierzak J, Obtułowicz Ł, Głąb H, Wróbe J (2018) Odrzuceni przez społeczeństwo. Cmentarz z końca XV/1. połowy XVI wieku odkryty przy ul. Dworcowej w Gliwicach. Muzeum w Gliwicach (Gleiwitz). Seria monograficzna t. 24

Rader O (2003) Grab und Herrschaft. Politischer Totenkult von Alexander dem Großen bis Lenin. Beck, München

Steindl K (2007) Dokumentarfilm „Die Vampirprinzessin" (Eleonore von Schwarzenberg 1682–1741) Koproduktion von ORF, ARTE, ZDF u.a.

Thorndike L (1958) A history of magic and experimental science. 8 Bde. Columbia University Press, New York

Ulrich H (1969) Das spätslawische Gräberfeld von Sanzkow. Kr. Demmin. Ausgrabungen und Funde 14:205–212

Wieczorek A, Rosendahl W (Hrsg) (2011) Schädelkult. Kopf und Schädel in der Kulturgeschichte des Menschen. Schnell und Steiner, Regensburg

Wieczorek A, Rosendahl W, Schlothauer A (Hrsg) (2012) Der Kult um Kopf und Schädel: interdisziplinäre Betrachtungen zu einem Menschheitsthema. Verlag Regionalkultur, Basel

## Kapitel 3

Brothwell D, Pollard A (2001) Handbook of Archaeological Sciences. Wiley & Sons, Chichester

Grupe G, Harbeck M, McGlynn G (2015) Prähistorische Anthropologie. Springer Spektrum, Berlin

Hauptmann A, Pingel V (Hrsg) (2008) Archäometrie: Methoden und Anwendungsbeispiele naturwissenschaftlicher Verfahren in der Archäologie. Schweizerbart, Stuttgart

Herrmann B, Grupe G, Hummel S, Piepenbrink H, Schutkowski H (1990) Prähistorische Anthropologie. Springer, Berlin

Herrmann B, Saternus K-S (Hrsg) (2007) Biologische Spurenkunde 1. Kriminalbiologie. Springer, Berlin

Madea B (2015) Rechtsmedizin: Befunderhebung, Rekonstruktion, Begutachtung, 3. Aufl. Springer, Berlin

Reindel M, Wagner G (Hrsg) (2009) New Technologies for Archaeology. Springer, Berlin
Sandford M (1993) Investigations of Ancient Human Tissue. Gordon and Breach, Longhorne

## Kapitel 4

Blumenbach J (1798) Über die natürlichen Varietäten im Menschengeschlecht. Breitkopf und
    Härtel, Leipzig
Cavalli-Sforza L, Menozzi P, Piazza A (1993) The History and geography of Human Genes.
    Princeton University Press, Princeton
Friderici G (1737) Monstrum humanum rarissimum recens in lucem editum in tabulam exhibit
    simulque observationibus pathologicis aliisque illuc pertinentibus. Christian Langenheim,
    Leipzig https://s.gwdg.de/enAioS
Hummel S (2003) Ancient DNA Typing. Methods, Strategies, and Applications. Springer,
    Berlin
Hummel S, Herrmann B, Rameckers J, Müller D, Sperling K, Neitzel H, Tönnies H
    (1999) Proving the authenticity of ancient DNA by Comparative Genomic Hybridization.
    Naturwissenschaften 86:500–503
Kattman U (2021) Die genetische Vielfalt der Menschen widerspricht der Einteilung der
    Menschen in „Rassen". Naturwiss Rundschau 74(6):285–297
Peschke E (2019) Morphologische Diversitäten, sexualdimorphistische Besonderheiten sowie
    Fehlentwicklungen in den Meckel-Sammlungen. Acta Historica Leopoldina Nr. 73:35–47
Rupke N, Lauer G (Hrsg) (2019) Johann Friedrich Blumenbach. Race and Natural History
    1750–1850. Routledge, London
Schultka R (2016) Das vorzüglichste Cabinett. Die Meckelschen Sammlungen zu Halle
    (Saale). Janos Stekovics, Wettin-Löbejün
Schwarzweissheiten vom Umgang mit fremden Menschen: Sonderausstellung, Landesmu-
    seum für Natur und Mensch Oldenburg 28.9.2001 – 27.1.2002. Isensee, Oldenburg
    (Schriftenreihe des Landesmuseums für Natur und Mensch, Oldenburg, Heft 19)

## Kapitel 5

Geisenhanslüke A (2016) Trauer-Spiele: Walter Benjamin und das europäische Barockdrama.
    Wilhelm Fink, Paderborn
Huizinga J (1975) Herbst des Mittelalters. Körner, Stuttgart
Meyer-Kalkus R (1986) Wollust und Grausamkeit: Affektenlehre und Affektendarstellung in
    Lohnsteins Dramatik am Beispiel von Agrippina. Vandenhoeck und Ruprecht, Göttingen
Ruysch F, Bohl J, Boerhaave H (Hrsg) (1737) Frederici Ruyschii Opera omnia anatomico-
    medico-chirurgica: cum figuris aeneis (Band 2). Janssonius van Waesberge, Amsterdam
    [erschienen 1751] https://s.gwdg.de/oyVi1s
Vincent P (1638) The Lamentations of Germany. Rothwell, London https://s.gwdg.de/D1Diy7
Wieczorek A, Rosendahl W (Hrsg) (2011) Schädelkult. Kopf und Schädel in der Kulturge-
    schichte des Menschen. Schnell und Steiner, Regensburg

## Kapitel 6

Aufderheide A (2003) The Scientific Study of Mummies. Cambridge University Press, Cambridge

Begerock A (2015) Ein Leben mit den Ahnen. Der Tod als Inszenierung für die Lebenden. Eine Untersuchung anhand ausgewählter Kulturen des westlichen Südamerika zu Hinweisen einer intentionellen Mumifizierung der Verstorbenen und der kulturimmanenten Gründe. Diss. FU Berlin 2016 https://s.gwdg.de/1RObxr

Brandt Av (2007) Werkzeug des Historikers, 17., Aufl. Kohlhammer, Stuttgart

Carroll E, Squires K (2020) Burning by numbers: A pilot study using quantitative petrography in the analysis of heat-induced alteration in burned bone. Int J Osteoarchaeol 30:691–699

Deutscher Museumsbund (2013) Empfehlungen zum Umgang mit menschlichen Überresten in Museen und Sammlungen https://s.gwdg.de/I9Tzgt. Zugegriffen: 18. Juni 2021

Fricke B (2009) Fingerzeig und Augenblick. Galileo Galileis Finger zwischen Fetisch und Reliquie. Zeitschrift für Ideengeschichte 3:80–94

Gebühr M (2002) Moorleichen in Schleswig-Holstein. Wachholtz, Neumünster 2002,

Grupe G, Harbeck M, McGlynn G (2015) Prähistorische Anthropologie. Springer Spektrum, Berlin

Grupe G, Herrmann B, Lüdtke H, Vogel V (1985) Computertomographische Untersuchung mittelalterlicher Särge aus Schleswig. Archäologisches Korrespondenzblatt 15:119–121

Guzzo P, Wieczorek A (Hrsg) (2004) Pompeji. Die Stunden des Untergangs. 24.August 79 n.Chr. Theiss, Stuttgart

Herrmann B (2010) Nach dem Hochwasser ist vor dem Hochwasser. In: Herrmann B, Kruse U (Hrsg) Schauplätze und Themen der Umweltgeschichte. Universitätsdrucke Göttingen, Göttingen. S 15–17. https://s.gwdg.de/Pb0hyA

Herrmann B (2015) Prähistorische Anthropologie. Eine Standortbestimmung. Springer Spektrum, Wiesbaden

Herrmann B (2021) Thanatologie. Eine historisch-anthropologische Orientierung. Springer Spektrum, Wiesbaden

Herrmann B, Meyer R-D (1993) Südamerikanische Mumien aus vorspanischer Zeit: Eine radiologische Untersuchung. Staatliche Museen zu Berlin, Preussischer Kulturbesitz, Berlin

Herrmann B, Saternus K-S (Hrsg) (2007) Biologische Spurenkunde 1. Kriminalbiologie. Springer, Berlin

Hermann B, Grupe G, Hummel S, Piepenbrink H, Schutkowski H (1990) Prähistorische Anthropologie. Leitfaden der Feld- und Labormethoden. Springer, Berlin

Hund W (Hrsg) (2009) Die Körper der Bilder der Rassen. Wissenschaftliche Leichenschändung und rassistische Entfremdung. Transcript, Bielefeld

Kittsteiner H (1997) Was heißt und zu welchem Ende studiert man Kulturgeschichte? Geschichte und Gesellschaft: Zeitschrift für historische Sozialwissenschaft 23:5–27

Larsen C (2015) Bioarchaeology: interpreting behaviour from the human skeleton. Cambridge University Press, Cambridge

Madea B (Hrsg) (2015) Rechtsmedizin. Befunderhebung, Rekonstruktion, Begutachtung. Springer Medizin, Berlin

Meller H, Schefzig (Hrsg) (2015) Krieg. Eine archäologische Spurensuche. Begleitband zur Sonderausstellung im Landesmuseum für Vor- und Frühgeschichte Halle (Saale), 6 November 2015–22. Mai. 2016. Theiss, Darmstadt

Mühlenberend S, Fuchs J, Marušić V (Hrsg) (2018) Unmittelbarer Umgang mit menschlichen Überresten in Museen und Universitätssammlungen. Hochschule für Bildende Künste Dresden. https://s.gwdg.de/ln2RXF. Zugegriffen: 18. Juni 2021

Nelson M (2017) Insulting Middle-Finger Gestures among Ancient Greeks and Romans. Phoenix 71(1/2):66–88

Neurath U (2018) Tod im Museum. Spektrum Spezial Archäologie Geschichte Kultur 3(2018):67–69

Preuß D (2007) ...et in pulverem reveretris?: Vom ethisch verantwortetem Umgang mit menschlichen Überresten in Sammlungen sowie musealen und sakralen Räumen. Utz, München

Scheugl H (Hrsg) (1974) Show Freaks & Monster. Sammlung Felix Adanos. DuMont Schauberg, Köln

Schmidt-Recla A (2018) Eine Stimme des Rechts. In: Mühlenberend et al. (Hrsg) Unmittelbarer Umgang mit menschlichen Überresten in Museen und Universitätssammlungen. Hochschule für Bildende Künste Dresden. https://s.gwdg.de/ln2RXF S 16–26. Zugegriffen: 18. Juni 2021

Selle Cv, Selle Dv, (2012) Menschliche Überreste in deutschen Museen: Rechtliche Freiräume, moralische Ansprüche. Kunst und Recht 14(5):169–173

Steuer H (2006) Fürstengräber, Adelsgräber, Elitegräber. Methodisches zur Anthropologie der Prunkgräber. In: Carnap-Bornheim C (Hrsg) Herrschaft, Tod, Bestattung: zu den vor- und frühgeschichtlichen Prunkgräbern als archäologisch-historische Quelle. Habelt, Bonn. S. 11–25

Wahl J, Strien C (u.a.) (2007) Tatort Talheim 7000 Jahre später. Archäologen und Gerichtsmediziner ermitteln. Städtische Museen, Heilbronn

Wieczorek A, Tellenbach M, Rosendahl W (Hrsg) (2007) Mumien. Der Traum vom ewigen Leben. Philipp von Zabern, Mainz

# Kapitel 7

Assmann A (2013) Erinnerungsikonen – Brautkränze und Totengedenken im Spiegel des kommunikativen und kulturellen Gedächtnisses. In: Fischer K, Margarethe J M (Hrsg) Kastenbilder zum Gedenken an Hochzeit und Tod. Faszination eines vergangenen Brauchs. Sammlung Margarethe Jochimsen, Münster, Waxmann. S 15–19.

Aufderheide A (2003) The Scientific Study of Mummies. Cambridge University Press, Cambridge

Balabanova S, Parsche F, Pirsig W (1992) First identification of drugs in Egyptian mummies. Naturwissenschaften 79:358

Brunner K (1919/1924) Sitzungsbericht 24.Januar 1919. Zeitschrift des Vereins für Volkskunde 29/34: 94

Garmann C (1670) De miraculis mortuorum. Übers. und Hrsg. von Benetello S, Herrmann B (2003), Universitätsdrucke Göttingen, Universitätsverlag Göttingen. https://s.gwdg.de/THUEOb

Lochte T (1938) Atlas der menschlichen und tierischen Haare…Schöps. Leipzig

Krünitz J ([1]1780/ [2]1789) Ökonomische Enzyklopädie. Bd. 20. Lemmata „Haar". www.kru enitz1.uni-trier.de

Madea B, Musshoff F (Hrsg) (2004) Haaranalytik. Technik und Interpretation in Medizin und Strafrecht. Deutscher Ärzteverlag, Köln

Marchetti D, Cittadini F, De Giovanni N (2020) Did poisoning play a role in Napoleon's death? A systematic review. Clinical Toxicology doi: https://doi.org/10.1080/15563650. 2020.1843658

Rummel S, Hölzl S, Horn P (2007) Isotopensignaturen von Bio- und Geo-Elementen in der Forensik. In: Herrmann B, Saternus K (Hrsg) Biologische Spurenkunde 1: Kriminalbiologie. Springer, Berlin, S 381–407

Smith M, Starkie A, Slater R, Manley H (2021) A life less ordinary: analysis of the uniquely preserved tattooed dermal remains of an individual from 19th century France. Archaeol Anthropol Sci. https://doi.org/10.1007/s12520-021-01290-8

Svoboda C (1996) Haargenau. Schmuck und Bilder aus Haar aus der Sammlung des Salzburger Museums Carolinum Augusteum. Katalog zur 193. Sonderausstellung. Salzburg

Tiedemann N (2006) Haar-Kunst. Zur Geschichte und Bedeutung eines menschlichen Schmuckstücks. Böhlau, Köln

Thomas F (1967) The longitudinal striation of the human nails as a means of identification. J Forensic Med 14(3):113–117

Wittenzellner J (2020) Haarbilder. Verlag der Kunst, Husum, Erinnerungen unter Glas

## Kapitel 8

Ade D (2009) ‚Wo weder Sonne noch Mond hinscheint' – ein (fast) vergessener Brauch. Archäologie in Deutschland 5:6–8

Held P, Schmid B, Alt K (2009) Nachgeburtsbestattungen im Labor. Archäologie in Deutschland 5:9–10

Sartorius K (Hrsg) (2004) ‚Damit's Kind g'sund bleibt' – Tabu Nachgeburtsbestattung. Kolloquiumsbericht. Historische Gesellschaft Bönnigheim

Smerling M (1978) Sanguine proprio? Über die Blutspurenuntersuchungen an einer von Friedrich Freiherr von der Trenck überlieferten Bibel. Beiträger zur gerichtlichen Medizin 36:107–118

Weichhold M, Bark J, Korte W, Eisenmenger W, Sullivan K (1998) DNA analysis in the case of Kaspar Hauser. Int J Legal Med 111:287–291

## Kapitel 9

Berner M (2011) Schauen und Wissen. Erste museale Präsentationen der physischen Anthropologie. In: Berner M, Hoffmann A, Lange B, Sensible Sammlungen. Aus dem anthropologischen Depot. Filo Fine Arts, Hamburg. S. 41–60

Brittnacher H (1995) Der böse Blick des Physiognomen. In: Hagner M (Hrsg) Der falsche Körper. Beiträge zu einer Geschichte der Monstrosität. Wallstein, Göttingen. S. 127–146

Haak C, Helfrich M, Tocha V (Hrsg) (2019) Nah am Leben. 200 Jahre Gipsformerei. Staatliche Museen zu Berlin-PK/Prestel, München

Herrmann B (2014) Einige umwelthistorische Kalenderblätter und Kalendergeschichten. In: Jakubowski-Tiessen M, Sprenger J (Hrsg) Natur und Gesellschaft. Universitätsverlag Göttingen, Göttingen, Perspektiven der interdisziplinären Umweltgeschichte, S 7–58

Herrmann B, Saternus K-S (Hrsg) (2007) Biologische Spurenkunde 1. Kriminalbiologie. Springer, Berlin

Schmölders C (1995) Das Vorurteil im Leibe. Eine Einführung in die Physiognomik. Akademie Verlag, Berlin

Schwarzweissheiten vom Umgang mit fremden Menschen: Sonderausstellung, Landesmuseum für Natur und Mensch Oldenburg 28.9.2001–27.1.2002. Isensee, Oldenburg (Schriftenreihe des Landesmuseums für Natur und Mensch, Oldenburg, Heft 19)

# Kapitel 10

Deutscher Museumsbund (2013) Empfehlungen zum Umgang mit menschlichen Überresten in Museen und Sammlungen https://s.gwdg.de/I9Tzgt. Zugegriffen: 18. Juni 2021

Herrmann B (2019) Das menschliche Ökosystem. Springer Spektrum, Wiesbaden

Mühlenberend S, Fuchs J, Marušić V (Hrsg) (2018) Unmittelbarer Umgang mit menschlichen Überresten in Museen und Universitätssammlungen. Hochschule für Bildende Künste Dresden. https://s.gwdg.de/ln2RXF. Zugegriffen: 18. Juni 2021

Schmidt-Recla A (2018) Eine Stimme des Rechts. In: Mühlenberend S, Fuchs J, Marušić V (Hrsg) (2018) Unmittelbarer Umgang mit menschlichen Überresten in Museen und Universitätssammlungen. Hochschule für Bildende Künste Dresden. https://s.gwdg.de/ln2RXF . S 16–26. Zugegriffen: 18. Juni 2021

Selle Cv, Selle Dv, (2012) Menschliche Überreste in deutschen Museen: Rechtliche Freiräume, moralische Ansprüche. Kunst und Recht 14(5):169–173

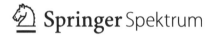
{essentials{

Bernd Herrmann

# Thanatologie

Eine historisch-anthropologische
Orientierung

 Springer Spektrum

Printed in the United States
by Baker & Taylor Publisher Services